BOUQUINEURS ET BOUQUINISTES

PHYSIOLOGIE
des Quais de Paris
PAR
Octave Uzanne

PARIS
ANCIENNE MAISON QUANTIN
LIBRAIRIES-IMPRIMERIES RÉUNIES
May & Motteroz, Directeurs

1893

PHYSIOLOGIE
DES
QUAIS DE PARIS
DU PONT ROYAL AU PONT SULLY

IL A ÉTÉ TIRÉ DE CE VOLUME :

1.500 EXEMPLAIRES SUR VÉLIN, NUMÉROTÉS
75 EXEMPLAIRES SUR JAPON (I A LXXV)
25 EXEMPLAIRES SUR CHINE (LXXVI A C)

N°

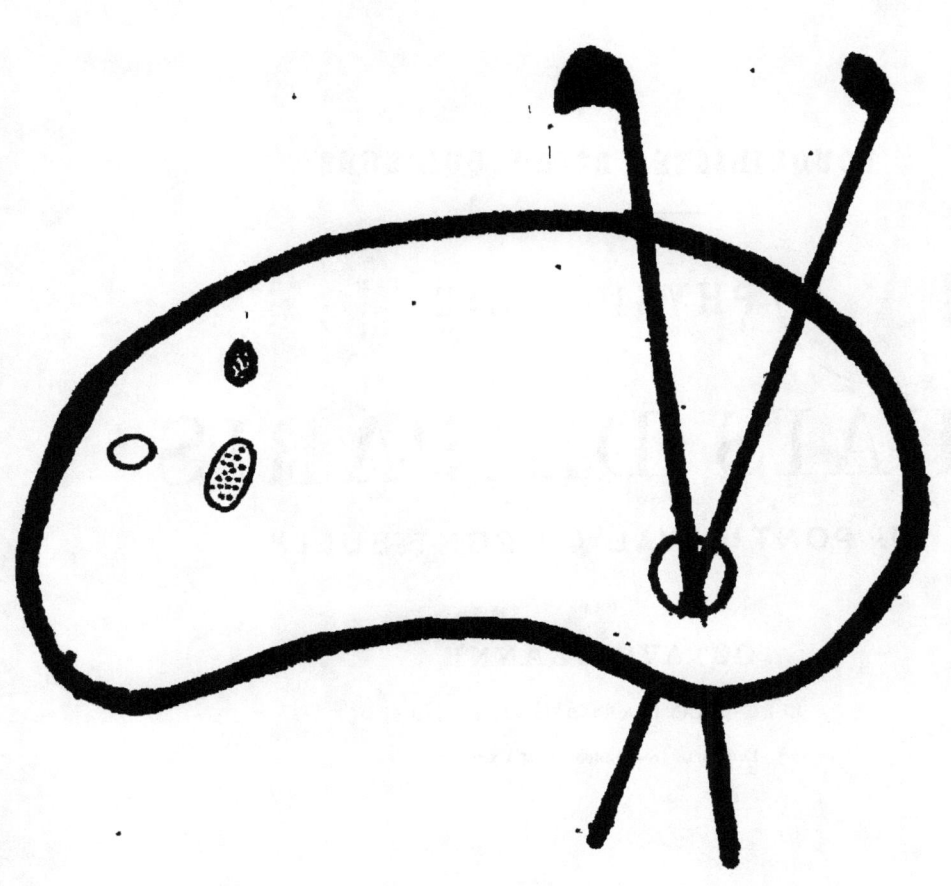

ORIGINAL EN COULEUR
NF Z 43-120-8

BOUQUINISTES ET BOUQUINEURS

PHYSIOLOGIE
DES
QUAIS DE PARIS
DU PONT ROYAL AU PONT SULLY

PAR

OCTAVE UZANNE

ILLUSTRATIONS D'ÉMILE MAS

Eau-forte frontispice de MANESSE

PARIS
ANCIENNE MAISON QUANTIN
LIBRAIRIES-IMPRIMERIES RÉUNIES
May et Motteroz, Directeurs
7, rue Saint-Benoît.

1893

ÉPITRE DÉDICATOIRE

ÉPITRE DÉDICATOIRE

AUX ÉTALAGISTES RIVERAINS
DU
GENTIL FLEUVE DE SEINE

QUAND bien même vous protesteriez avec grande modestie, c'est à vous qu'il mérite d'être offert, ce livre, Messieurs les philosophes du plein air et du gagne-petit; à vous qui, immuables et résignés, faites sentinelle, du matin à la vesprée, devant toutes ces épaves de la pensée humaine que le hasard, la lassitude, le dégoût ou l'inconstance des modes ont apportées dans *vos boîtes primitives, comme en une friperie d'impressions, pour amorcer de nouveau la curiosité du passant, enrichir l'imagination du pauvre ou surexciter par la recherche du document la passion toujours inquiète de l'érudit.*

Il mérite de vous être dédié, car vous fûtes les inspirateurs de ce frais bouquin qui, tôt ou tard, après avoir couru la fortune, au printemps de sa novelté, et subi le destin inéluctable des choses, risque fort, à l'automne de son succès, de venir échouer à votre asile de déshérités, comme ces feuilles jadis éclatantes de verdeur, et maintenant ternes ou rouillées, que le vent agressif de novembre fait tournoyer au-dessus de vos têtes et tomber parmi tant d'autres feuilles imprimées sur les froids parapets de la Seine.

Vous le recueillerez alors en quelque jour de rafale, loqueteux, humide et maculé, ce livre aujourd'hui si pimpant dans son dandysme de bibliophilie, et l'occasion vous le fera lire pour la pre-

mière fois sans doute, tandis qu'assis sur votre humble tabouret de paille, dans le rapide courant d'air des Quais, vous percevrez vaguement des pas hâtifs de promeneurs sur l'asphalte ou des fragments de dialogues mondains emportés par le vent.

Vous le lirez dans son milieu et son atmosphère véritables, avec plus d'intérêt et de plaisir assurément que n'en auront eu en le parcourant d'un œil distrait, enfouis dans leur causeuse, à demi assoupis, les plus heureux de ses lecteurs frileusement retraités au coin du feu.

Je n'ai cependant point écrit ici un poème digne de votre stoïcisme, ni retracé en vers solidement forgés l'héroïsme de votre attitude et la belle constance de votre moral par les frimas d'hiver, sous la pluie, la grêle et les giboulées, vaillants, simples et éternels lutteurs qui n'hésitez jamais à appareiller au moindre sourire du ciel le plus capricieux.

Car vous êtes comparables aux mate-

lots, coiffés du caban, vêtus à la diable, toujours droits et fermes à votre banc de quart; vous veillez au grain, sans cesse calfatant la fragile enveloppe de votre cargaison, laçant la toile, manœuvrant les cordages à l'heure de la tempête, carguant encore les écoutes à la première lueur d'accalmie, sans lassitude ni trêve.

Aux temps avrileux ou aoûtés, vous, si farouches gabiers sous les intempéries de décembre, vous apparaissez soudain comme des lazaroni napolitains, insoucieux, attiédis et buveurs de soleil; on vous voit, dans la lumière d'or des journées sereines, rêveurs et alanguis, accotés dans un demi-sommeil aux assises de pierre de votre étalage, les pieds au nord et la tête au midi, charmés, dégustant l'air et l'azur, bercés par le nonchaloir de la vie contemplative, vous enivrant enfin de farniente et si béatement heureux que vous mettez les badauds de passage en brusque appétit de sieste et de jouissances neutres.

C'est à peine alors si vous daignez vous livrer aux luttes nécessaires de l'offre et de la demande; vous indulgentez l'acquéreur dans ses marchandages, vous êtes comme les Héliades aux bords des rives, caressés par le vent qui passe et tout aux sensations de la sève montante; ce n'est plus Zénon ni Caton qui conduisent votre esprit, c'est Épicure en personne, mes Amis, qui, à cette heure charmeuse, vous dicte ses lois.

Je m'étais proposé de ne faire qu'une légère incursion dans votre pays d'indépendance et de bohème, aimables riverains du fleuve de Seine, car je pensais que votre constitution sociale, vos mœurs, votre physionomie, votre passé, ne m'attireraient pas au delà d'une étude fugitive; mais, sous le frêle échafaudage de votre situation publique, je me suis plu à découvrir peu à peu tant d'originalités diverses, tant de bizarreries, de singularités, que j'ai élu domicile près de vos campements, enflant ma brochure,

— *pour tout y mieux loger à l'aise,* — *dans les proportions du très respectable volume que voici.*

Au cours de ce voyage ethnologique le long de votre confédération tout en frontières, j'ai pu apprécier l'urbanité de vos manières et l'agrément de votre commerce; j'ai ouï causer les jeunes dans la fougue ou l'élan de leurs théories bouquinières et j'ai prêté une extrême attention aux souvenirs précieux et à la tropologie édifiante de vos vétérans. — *L'on m'avait parlé de votre intempérance un peu trop légendaire, je n'ai eu à constater que votre sobriété spartiate à l'heure du frugal repas en plein vent préparé par vos ménagères.*

N'eussé-je contemplé que la façade trompeuse de votre moralité, que je ne consentirais encore à être convaincu d'erreur, car dans votre humble condition, assaillis par les nécessités d'une existence souvent féroce et toujours précaire, mouillés, transis, non moins mal-

menés que votre pauvre butin, vos faiblesses mériteraient l'absolution en vertu des principes de la plus haute et de la plus clémente théologie.

Recueillez donc cet ouvrage, Bouquinistes, mes Amis, à l'heure où il viendrait vous mendier refuge, aide et protection; c'est peut-être le seul opuscule qui vous ait été collectivement dédié en toute équité et logique, mais je ne désespère point de voir mon exemple suivi par tous les sages, lesquels n'ignorent point qu'ici-bas la gloire compte éternellement ses invalides. — Et puis... n'est-ce pas encore revivre que d'errer dans vos boîtes, en pleine lumière, sous la gaieté plus ou moins voilée du ciel, fatigué par l'usure de la vie, coupé, lacéré, consulté, lu, repris et relu, utile à tous et presque fier de ses meurtrissures? C'est assurément mieux que de dormir embaumé dans le maroquin doré et couvert d'entrelacs, sous une brillante vitrine, intact aussi bien qu'inlu, vierge *encore et respecté par la candeur vaniteuse d'un Joseph bibliophile.*

Au milieu du phalanstère de vos étalages, les livres n'échangent point le dialogue des morts; ils attendent les jugements derniers des vivants dans une confusion sociale et confraternelle digne des paraboles de l'Écriture; ils sont miséricordieux à l'œil du flâneur et confiants dans la juste curiosité publique. — En conséquence, allez, mes Amis, accueillez-moi auprès des ponts, sur ces murs de solide granit où la Seine semble frôler sa glauque robe de soie; je serai certes plus à l'aise, couché sur la pierre nue des parapets, dans la turbulence et l'ivresse montante de la grande Ville et l'agitation passagère des Quais, que dans la nécropole d'ébène des plus riches bibliothèques. Sali par la poussière du vent, terni par la pluie, horizontalement étendu au rabais, je donnerai encore, comme Job, l'expression de la plus belle philosophie humanitaire, celle qui montre le néant de toutes choses, aussi bien des pétales de roses que des feuilles de laurier, le néant des effigies, des médailles et des couronnes, le néant des réputations et de la gloire et aussi le profond néant de la rareté, qui le plus souvent n'est qu'éphémère et demeure soumise aux folies et à l'inconstance de la mode.

L'histoire de toutes les littératures est faite d'évolutions successives et de révolutions imprévues, et le spectacle de tant de kilomètres de livres, composés en partie de célébrités défuntes, est non moins éloquent à nos yeux et parle peut-être plus à notre entendement que celui de l'herbe qui croît et fleurit sur les murailles à moitié détruites de l'antique et altière Byzance.

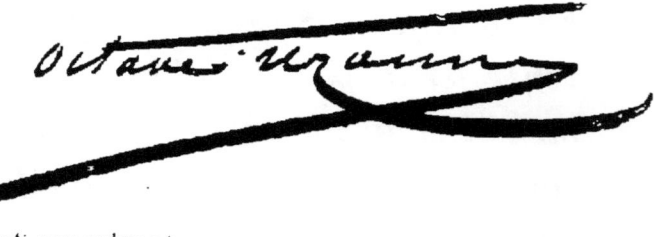

Paris, 28 novembre 1892.

FLANERIE PRÉAMBULE

FLANERIE PRÉAMBULE

NODIER, *qui fut un bouquineur illustre et un bibliognoste polymathique, s'est avisé, il y a déjà environ cinquante ans, de constater, avec trop de pessimisme, la fin de la bouquinomanie et la mort du bouquiniste. Le vieux conteur parisien pensait que cette grande catastrophe sociale : la mort du Bouquiniste, était un des résultats infaillibles du progrès et il ajoutait qu'à la douce et innocente stupéfaction de la bonne littérature, le bouquiniste devait finir avec elle.*

Il ne faut voir là qu'une simple boutade d'esprit chagrin; heureusement, rien ne meurt, tout se transforme et nos tristes marchands de papier mouillé qui étalent sur les quais, en haillons moisissants, quelques lambeaux de livres nouveaux, sont aussi dignes d'intérêt, sous divers points de vue, que ces fameux bouquinistes de la vieille garde dont tous les Marco de Saint-Hilaire de la bibliographie légendaire nous ont entonné si pompeusement les louanges.

Jules Janin, ce ventripotent rentier du succès, qui a pu accumuler dans un ouvrage intitulé Le Livre, toutes les fadaises de ses connaissances escamotées et tous les coq-à-l'âne de sa superficialité heureuse, a également versé quelques larmes de crocodile sur la disparition du vieil étalagiste du bon temps. Au cours de ces hypocrites doléances, le bon J. J., traducteur d'Horace, s'est laissé aller à tracer un sentimental portrait du bouquiniste, à la manière de Ducray-Dumesnil, qui eût assurément mérité l'insertion en belle page au Musée des Familles.

Tous les débris de la période romantique ont de même plus ou moins, sur divers modes, chanté la gloire de l'étalagiste de la Restauration et de la Monarchie de Juillet; on a vanté ses mérites, dépeint sa bizarrerie, analysé ses goûts, fait montre de sa finesse, de son érudition et de sa méthode, et on a gémi en note mineure, comme en un de profundis *bibliographique : « Fini le bouquiniste ! Finies les boîtes à quatre sols et les découvertes stupéfiantes, fini le temps des incunables à deux francs, des Vérard à un écu et des pièces originales de Molière à une livre six sous.*

Nous n'irons plus aux Quais, les lauriers sont coupés !

Tout cela — à mon sens — n'est que piperie. Les générations qui vieillissent s'éteignent toujours dans un même radotage sur la préexcellence des temps passés et chantent, comme les vieilles épinettes, les mêmes complaintes aigrelettes et fausses, sur les bonnes fortunes du jeune âge. — Autrefois !!! Ah ! que ce mot est magique pour l'homme qui se rattache à tout ce qu'il a perdu ! Du pôle nord de la vie, on aime à revoir encore la chaude photosphère de la jeunesse et à ressentir par réflexion les ardeurs de l'âge mûr ; tout était bien, tout était bon, tout était beau, et si brillant est ce mirage parhélique, si puissant est cet héliotropisme moral, que l'esprit se détourne du présent et le condamne pour mieux magnifier les visions rayonnantes des années accomplies.

On ne se dit pas qu'en soi les yeux ont faibli, que la fougue a molli, que la passion s'est atténuée, qu'on ne brave plus les intempéries pour courir les amours buissonnières de ses caprices bouqui-

niers; on ne s'avoue pas qu'on est moins fleuri d'enthousiasme, moins feuillu d'opiniâtreté dans la recherche, et que la sève s'en est allée doucement refluer dans des nodosités goutteuses; on ne se rend point compte que la mode, cette mystérieuse conductrice des esprits, a changé totalement la boussole bibliophilesque; mais on tranche net sur toute question, on déclare que les ténèbres envahissent le monde, qu'il n'y a plus rien, rien de rien, qu'un cataclysme peu à peu balaye tout ce qui fut soi, qu'il ne reste ni amateurs, ni bouquinistes, ni livres, ni littérature, ni passion légitime et logique. Certes, il n'y a plus de livres, tout le long, le long, le long de la rivière de Seine, de ces livres que recherchaient nos pères et ces bons philologues du grand caractère de Charles Nodier ou de Gabriel Peignot. Il n'y a plus assurément ni Aldes, ni Caxton, ni Antoine Vérard, ni Simon de Colines, ni Robert Estienne, ni Michel Vascosan, ni Gryphius, ni Elzévirs en bon état, on y rencontre rarement des Barbou, des Coustellier, des Guérin et Latour, des Didot de choix; les Baskerville, les Bodoni, les Brindley, les Foulis, les Tonson et les Martyns se font rares, tous les ouvrages qui portent la marque des plus pures gloires de la typographie, ont fait leur temps sur les parapets, et ce serait miracle de recueillir encore quelque remarquable *spécimen d'une de ces antiques maisons, mais aussi les chasseurs bibliographes se sont multipliés; depuis le début du siècle, des générations de fureteurs péripatéticiens se sont succédé le long des berges de la bouquinerie et des millions de passants ont descendu et remonté le fil de l'eau, l'âme radieuse de leurs découvertes, l'esprit emparadisé par d'heureuses rencontres dans les boîtes poudreuses.*

Tout passe et tout s'épuise! — Les livres consacrés par l'admiration humaine ou par le spéculatif attrait de la rareté se sont peu à peu classés dans les riches bibliothèques après un vagabondage passager. Tous ces vétérans de la renommée, célébrés, louangés, parfois surfaits dans les bibliographies, ne gîtent plus à la belle étoile, cela est logique, car dans l'Évangile des bibliophiles, heureux sont les livres qui ont beaucoup souffert et attendu, le royaume du maroquin les recevra, l'or les parera de son éclat, chacun se disputera leur possession. Ainsi va le monde, et justice est rendue définitivement aux nobles, puissants et gentils écrivains des quatre derniers siècles de notre littérature.

En raison de cela, s'ensuit-il que le Bouquiniste soit mort? — Assurément non, il vit plus que jamais, il se dédouble, il s'étend partout à l'ouest et à l'est; il fait peau neuve; ce n'est plus l'antiquaire d'hier, c'est le moderne, le grand vendeur du temple de ce trop fécond XIX⁰ siècle dont l'inventaire est à peine ébauché, et dont l'aurore de gloire n'apparaîtra pas avant trente ou quarante années. Dans tout ce fatras actuel des Quais, l'étalagiste détient aujourd'hui des milliers de raretés qui sont encore dans la chrysalide de leur évolution vers la curiosité, et qui, demain peut-être, seront mises en lumière par l'histoire naissante de ce temps ou par la bizarrerie soudaine des événements.

Le XIX⁰ siècle n'aura pas à compter seulement avec le livre, mais aussi et surtout avec la brochure, avec le journal, avec la feuille volante et avec les innombrables mort-nés de la presse périodique, des écoles nouvelles et des célébrités dans l'œuf. A travers ces montagnes d'opuscules, déjà les précurseurs se hâtent de faire un choix, car bientôt l'heure sonnera où la romanticomanie ne sera plus seule à accaparer l'attention et où l'on réunira beaucoup d'œuvres d'oubliés ou de dédaignés. Les Quais alimenteront longtemps encore bien des passions, et si les amoureux des livres n'y voient plus naître ces coups de hasard dont on a si souvent complaisamment raconté l'imprévu et les émerveillements, tout au moins procureront-ils aux flâneurs quelques caprices passagers et des découvertes documentaires dont tous les stages aux bibliothèques publiques n'auraient assurément pu leur révéler l'existence.

Les boîtes des bouquinistes, bien que fouillées, retournées, drainées, pour ainsi dire, par tous les fins limiers de la librairie de luxe et de mode, contiennent bien des pièces curieuses qui échapperont toujours à l'œil vigilant, mais superficiel du bibliopole le plus rusé, pour n'apparaître qu'au véritable érudit, à l'historien des lettres, au chercheur éclairé qui tombera en arrêt sur un envoi singulier, sur une note précieuse, sur un signe d'édition très particulier dont seul il comprend toute l'originalité et peut faire ressortir l'incomparable valeur.

Quant au bouquiniste en personne, il reste, en sa manière et en son type si varié, le digne descendant de ces fantastiques compères dont les philologues de la première moitié de ce siècle se sont empressés de nous reproduire, à grand renfort de locutions, l'impression physique et morale. Ce sont, selon les tempéraments, les mêmes êtres maniaques, biscornus et brise-raison, les mêmes bohèmes échoués, les mêmes braves gens philosophes, les mêmes pauvres diables ignorants ou, enfin, les mêmes érudits surprenants et modestes.

Tout le long des Quais parisiens, du Pont-Royal au pont Notre-Dame, ils sont échantillonnés avec leur caractère nettement tranché, leur allure disparate, leurs étalages incohérents; ils ont leurs mœurs générales, leur esprit de corps et leurs furieuses rivalités. Dans ce grand monôme bibliopolesque, des parapets de la rive gauche, ils se tiennent du coude et se déchirent à l'épaule, ils s'entr'aident et se lutinent mutuellement, ils forment une République dont trois doyens se disputaient, il y a quelques années à peine, la présidence d'âge ou de stage sur la Seine; en un mot, c'est un long ruban d'humanité, ni meilleure ni pire, qui se déroule tout le long du berceau même du seul et vrai grand Paris de l'art et de l'histoire.

Il est curieux de remarquer que toute cette population changeante, nomade et pittoresque n'a jamais eu l'ethnologie spéciale à laquelle elle a droit. Quelques voyageurs, comme M. Fontaine de Resbecq, sont partis d'un pas allègre pour ce pays de la bouquinerie; mais, attirés par cette Babel de papier noirci, ils ont plongé leurs besicles au fond des boîtes à quatre sols, et, sans rien voir autour d'eux, ils ne sont parvenus à retirer de leurs pérégrinations qu'une sorte de cours de littérature capable de donner la migraine à tous les petits-fils de l'ennuyeux La Harpe.

M. de Resbecq a entrepris ses Voyages littéraires sur les Quais de Paris en 1857; il arrivait à une heure propice, au milieu d'un monde encore inexploré, avant l'invention des Mouches, des Guêpes et des Hirondelles, dans un quartier alors relativement paisible, où il lui était loisible de braquer sa lunette avec autant de candeur que le bon monsieur de Jouy, l'Hermite de toutes les Guyanes et de toutes les Chaussées d'Antin; il avait devant lui une foule de bouquinistes, « vieilles barbes de 48 », qui méritaient d'être campés, en quelques traits de plume, vis-à-vis de la Postérité; Paris n'avait pas entièrement terminé sa grande toilette haussmannesque, le moment était à souhait; mais, je puis le dire au risque d'offenser sa personne, s'il vit encore, alors qu'il n'entre dans mes vues que de blesser son ombre, M. de Resbecq, qui n'était pas pédant à demi, ne comprit goutte aux suggestions de l'air ambiant et au groupement des êtres et des choses; il se mit à notarier l'esprit des vieux livres, en le gâtant de sa prose soporifique; il écrivit les Provinciales de la bouquinerie avec un jansénisme aride et sans le moindre attrait. Jamais titre aussi charmant que celui qu'il adopta ne couvrit une aussi fade marchandise, et ce Voyage littéraire sur les Quais de Paris semble commencer dans un grenier rempli de livres dépareillés, pour se terminer dans un caveau démeublé où le lecteur effaré lutte contre l'inquiétant coma qui l'envahit.

A part ce livre et quelques autres ouvrages aux titres non moins trompeurs, il n'est point à ma connaissance qu'aucune monographie complète, soit *dans la note grave, soit dans le genre pittoresque ou plaisant, ait jamais été tentée sur les Quais parisiens et le monde de la brocante bouquinière ; des articles deci delà, de courtes études instantanées, ont été semés un peu partout aux quatre vents de la presse périodique ; mais le sujet, dans son ensemble et ses détails si singulièrement nuancés, reste à traiter. — J'ai remué des rayons de bibliothèques, inventorié les catalogues, secoué la poussière du* Journal de la Librairie, *depuis l'année de sa fondation, en plein régime du premier Empire, j'ai fureté partout et même mis à contribution la mémoire des plus aimables et des plus vieux érudits... Rien, rien n'existait sur les Quais de la capitale au point de vue bouquinier.*

Je pouvais donc convoiter en légitime alliance cet argument d'un livre tout à faire et qui réclamait non moins d'observations que de recherches. Le voyage était aisé à entreprendre ; du haut de mon logis, je voyais s'étendre, du Pont-Royal au pont des Arts, cette longue théorie de bouquins qui font une ceinture à la Seine et que la curiosité des passants compulse du matin au crépuscule ; ce tableau constant à ma vue, je n'avais qu'à l'animer, à le faire revivre dans sa tradition historique, à l'analyser dans ses différentes expressions et à fournir les légendes des personnages qui le composent dans son étrange homogénéité. La tâche ici encore était relativement douce : des flâneries intéressées à travers les hommes et les livres, beaucoup de bavardages, des observations variées, des remarques et des notes, le tout infusé, puis quintessencié, et l'ouvrage se trouvait établi.

Le Bouquiniste est volontiers jaseur, le Bouquineur de profession ne l'est pas moins; l'un se laisse aller au récit de ses misères et au commérage des rivalités voisines, l'autre ne tarit point sur ses impressions et aventures le long des parapets pour ainsi dire vêtus d'occasions. Le premier, d'abord méfiant, arrive assez vite à « manger le morceau » s'il est question de ses confrères; le second compte autant d'histoires dans son sac que le plus grand chasseur de Gascogne, et, à l'entendre, il a levé, par son simple flair, les plus beaux lièvres à longs poils dans ses habiles furetages aux bons coins. — D'où il résulte qu'à entendre Bouquinistes et Bouquineurs, on colligerait non tant seulement la matière d'un livre, mais encore toute une bibliothèque de Bouquinomaniana où M. de Krack aurait sa part.

Dans cette excursion de curieux, j'ai pensé avant tout faire œuvre utile, et me borner à la physiologie générale du sujet, dans la partie décor et la partie personnages. Je me suis efforcé de me montrer plutôt Topffer que Bædecker, plus coureur de zigzags que

Guide dans l'odieuse aridité du mot, évitant à mes compagnons de route tout aussi bien les brouillards que la sécheresse du parcours.

Cependant cet ouvrage, pour personnel qu'il soit dans son ensemble, a traversé de très nombreuses vicissitudes, et son destin, avant de venir au jour, fut assez bizarrement marqué par la fatalité.

Ébauché vers la fin de 1886, ce livre, annoncé pour avril 1887, fut successivement retardé de saison en saison durant six années consécutives.

Une partie du texte était tirée déjà vers mars 1887, et l'impression suivait son cours, au fur et à mesure de la livraison de la copie, fournie aux compositeurs selon le travail de chaque jour ou de chaque nuit, lorsque, par suite de je ne sais quelle aventure ou fantaisie, je quittai tout travail un matin de printemps, alors que le soleil refleurissait la vie et que l'amour chantait dans tous les nids. J'abandonnai ce livre, dont le succès s'annonçait admirablement bien, à une époque encore prospère de la Bibliophilie où les beaux livres faisaient plus de conquêtes que les jolies femmes. L'édition était aux trois quarts souscrite et je me promettais sincèrement de reprendre cette Physiologie des Quais de Paris *au cours de l'été suivant; mais le sort, parfois plus fort que notre volonté, en décida autrement.*

Durant six ans je boudai avec ennui sur les

dossiers poussiéreux qui renfermaient mes notes et documents; je me sentais inapte à continuer un livre pour lequel je ne flambais plus d'enthousiasme comme aux jours heureux où je l'avais entrepris. Il me semblait, en un mot, aussi dur, aussi pénible, aussi malaisé à remettre en lumière, ce livre-épave, que de renflouer un esquif depuis longtemps sombré sous un océan d'oubli dans des profondeurs vertigineuses et décourageantes.

Mais ce volume inachevé encombrait la route, gênait la perspective des nouveaux projets et nous discréditait quelque peu dans la loyauté des promesses faites à une élite d'amateurs et d'érudits. Il fallait donc coûte que coûte nous remettre à la tâche, et sur cette fin d'année 1892, avec l'aide d'un ami dévoué, d'un assidu, modeste et très précieux collaborateur à nos diverses Revues, M. B.-H. Gausseron, dont nos lecteurs connaissent le mérite et apprécient le talent, il nous a été possible de remettre en route la charrette embourbée et de la conduire tout le long de ce grand chemin de halage de la curiosité bouquinière sur les quais de la Seine.

Il me faut également citer à l'ordre du jour de ce sauvetage M. Gustave Boucher, ex-Bouquiniste ès lettres, jeune basochien lettré et avisé, dont les renseignements divers nous ont été fort utiles et les notes non moins précieuses pour la reprise de ce livre.

Depuis 1886, en effet, de grandes modifications se sont produites dans le monde des Bouquinistes, qui sont devenus, grâce à la permanence de leurs boîtes, à l'élégance presque confortable de leurs installations solidement amarrées aux pierres des parapets, de notables commerçants moins pittoresques en ce sens qu'ils n'ont plus ce je ne sais quoi de bohème et d'indépendant, dont ils bénéficiaient en raison de leur ex-campement provisoire.

Puis trois doyens sont morts, divers types ont disparu... En six années, que de transformations!

Quoi qu'il en soit, cet ouvrage, un peu moins homogène que je l'avais rêvé, avec ses gravures de la veille et ses portraits du jour qui sont devenus par place des évocations, plaira, j'aime à le croire, en raison des nombreux documents qu'il renferme sous une forme qui n'est, je pense, ni trop pédante, ni très prétentieuse.

Ce sera, bien qu'on en puisse dire, le seul ouvrage écrit sur ces jolis Quais de la Bouquinerie parisienne où ont passé lentement, en d'exquises flâneries, tous les hommes intéressants de ce temps depuis cinq ou six générations.

1887-1892.

PROLÉGOMÈNES HISTORIQUES

PROLÉGOMÈNES HISTORIQUES

RECHERCHES
SUR
LES BOUQUINISTES A TRAVERS LE PASSÉ

En remontant à la plus haute antiquité, il est certain qu'un chercheur, non moins bien muni d'érudition que de patience et de loisirs, serait fort susceptible d'y découvrir et d'y reconstituer l'existence du Bouquiniste en plein vent. — Chez les Romains, nous voyons, en effet, des étalagistes de volumes campés sous l'enfilade des portiques, aux environs du Forum, à côté des marchands de bijoux, de tableaux et d'amulettes. Les philosophes avaient coutume de s'entretenir sous ces péridromes ; les auteurs y récitaient leurs ouvrages, les promeneurs s'y tenaient à couvert les jours d'intempérie. — Les Bouquinistes qui venaient là exposer, en libre concurrence, leurs *Écrins* (scrinium), sortes de boîtes rondes semblables à celles de nos marchands d'oublies, étaient donc assurés de rencontrer, parmi les passants, une nombreuse clientèle pour leurs cylindriques manuscrits d'occasion. — On en voyait partout à Rome, le long du Tibre et des grandes voies passagères; les curieux de livres fréquentaient assidûment ces étalages à bon marché, recherchant principalement les volumes venus de Macédoine et de tous les points des peuplades du Levant.

Aulu-Gelle, dans le chapitre IV du neuvième Livre de ses *Nuits Attiques*, raconte qu'étant débarqué à Brindes, à son retour de Grèce en Italie, il trouva chez un Bouquiniste une remarquable occasion d'enrichir sa bibliothèque, sans trop appauvrir sa bourse :

« Je me promenais, dit-il, au sortir du navire sur ce port fameux, lorsque j'aperçois un étalage de livres à vendre. Aussitôt, avec l'avidité d'un amateur, je courus les examiner. C'était une collection de livres grecs, remplis de fables, de prodiges, de récits étranges et incroyables; les auteurs étaient d'anciens écrivains dont le nom n'est pas d'une médiocre autorité; je trouvai là : Aristée de Proconèse, Isigone de Nicée, Ctésias, Onésicrite, Polystéphanus, Hégésias et autres. — Ces livres, fort délabrés et couverts d'une antique poussière, avaient une triste apparence;

toutefois, je les marchandai. — La modicité inattendue du prix me décida aussitôt à en faire emplette, et, ayant payé la somme légère qu'on me demandait, j'emportai un grand nombre de volumes, que je parcourus pendant les deux nuits suivantes. »

Les bouquinistes romains ne rencontraient donc pas trop de difficultés à s'approvisionner ; la multiplicité des livres était déjà telle que des poètes comme Sammonicus Sérénus, des grammairiens comme Epaphrodite de Chéronée, lequel vécut peu après le règne de Néron, avaient pu se former des bibliothèques particulières qui dépassaient cinquante mille volumes. — Les copistes mettaient journellement des quantités incroyables d'exemplaires en circulation, et, d'autre part, le butin des conquêtes jetait sur la place des ouvrages de toutes provenances, qui formaient plus particulièrement le bagage des bibliopoles d'occasion.

Le goût des livres était très vif; la bibliothèque devenait l'âme de la maison et cette passion

pour la lecture est attestée à la fois par Cicéron, Caton, Pollion, Varron, Sénèque et Pline. Les bibliomanes, par instinct ou par mode, foisonnaient à Rome, et les Bouquinistes du plein air devaient réaliser de non moins belles recettes que les libraires en boutiques. — Les amateurs s'efforçaient de recueillir non seulement les manuscrits roulés, autant que possible autographes, mais aussi les ouvrages sur parchemin ou sur papyrus, les volumes en toiles, traités ou annales, les écrits sur cuir, dont fait mention Ulpien, les livres en bois ou tablettes, les Polyptyques cirés dont parle Pline, et aussi ces *Libri elephantini*, qui, selon Turnèbe, étaient écrits sur des feuilles d'ivoire, et, d'après Scaliger, étaient faits d'intestins d'éléphants. — Les bibliophiles de l'ancienne Rome ne trouvaient guère toute cette diversité de livres, d'origines multiples, ailleurs que chez les Bouquinistes du Tibre ou des Portiques, marchands improvisés et nomades, dont l'étalage réservait mille surprises aux chercheurs et philosophes éclairés.

Après la décadence de l'empire romain, le Bouquiniste semble sombrer dans les invasions barbares. — Les querelles religieuses, les guerres civiles, les schismes, la poussière des ruines diverses ne nous permettent pas d'apercevoir l'étalagiste aux heures confuses du moyen âge; tout le système des mœurs et des lois nous semble s'être opposé à son existence indépendante en ces temps troublés; on ne trouve plus de vulgarisation de la pensée écrite; la tradition orale seule s'étend dans les foules, et on pourrait dire que le Trouvère a remplacé le vendeur ambulant des littératures anciennes.

Le prix des manuscrits était, d'autre part, si élevé, même pour les livres exotériques, et leur commerce si plein d'entraves, qu'il fallait être bibliopole royal hautement patenté pour avoir droit de cession d'une de ces merveilles de l'art graphique, dont les monastères avaient pour ainsi dire la spécialité.

Après l'invention de l'imprimerie, laquelle, ainsi que le fait remarquer Peignot, paraît

avoir pris pour devise le *Crescit eundo* de la course solaire, la société tout entière changea de face. — Ce fut par un chant d'allégresse qu'on accueillit cette grande découverte qui allait enfin donner à tous la possibilité de s'instruire dans les ouvrages tant anciens que modernes — Jehan Molinet consigne, dans ses écrits, cette triomphante conquête du siècle :

J'ai vu grand multitude
De livres imprimez,
Pour tirer en estude
Povres mal argentés.
Par ces novelles modes
Aura maint escolier,
Décrets, Bibles et Codes
Sans grand argent bailler.

Les livres imprimés ne tardèrent pas à remplir l'Europe, et, moins d'un siècle après l'adoption générale des procédés de Gutenberg, le sage Érasme protestait déjà contre l'excès des impressions.

« Les imprimeurs, écrivait-il, envahissent le monde de libelles, je ne dirai pas aussi inutiles que ceux qu'il me plaît de publier, mais d'ouvrages ignorants, médisants, diffamatoires, furieux, impies et séditieux; leur multitude empêche de profiter de la lecture des bons livres. Quelques-uns de ces volumes paraissent sans titre, ou, ce qui est plus scélérat, sous des titres supposés. Si on découvre l'imprimeur et qu'on l'arrête, il a coutume de répondre pour s'excuser : « Qu'on me donne de quoi nourrir ma famille, je cesserai d'imprimer des libelles. »

Avec la profusion des livres, le Bouquiniste apparut dès le milieu du xvie siècle. Dans les échoppes des ruelles du vieux Paris, on vit s'établir moult débitants de livres vieilz et anticques. — Le mot *Bouquin* n'existait pas encore, ou était peu usité dans le sens où on l'employa vers la fin du siècle dernier ; c'est au moment de notre grand commerce de librairie avec les Flandres et la Hollande que fut importé en France ce nom si typique qui évoque, à notre odorat, comme un vague relent de bouc ou de vieux veau fauve. Les Hollandais se servaient du mot *Boekin*, petit livre, dérivé du mot allemand *Buch*, livre, lequel mot provenait lui-même du sanscrit *paç*, relier ou lier. — A la fin du xvie siècle on entendait par *Bouquin* un vieux galantin atteint de satyriasis et dont les ardeurs lubriques rappelaient les chevauchées mythologiques des faunes. Racan, dans ses *Bergeries*, n'a-t-il pas dit en flagellant un céladon trop vert pour son âge :

Allez, *Bouquin* puant faire l'amour aux chèvres.

Ce ne serait, en vérité, qu'au début même du xviie siècle, alors que le Pont-Neuf venait d'être livré à la circulation et au petit commerce, que nous pourrions voir naître le véritable ancêtre de l'étalagiste moderne. — Sur ce fameux Pont-Neuf, si bien représenté par Callot et dépeint par Colletet, au milieu des gueux, charlatans, chanteurs, tire-manteaux ou *tirelaines*, oisifs de qualité, poètes et ruffians, les débitants de livres et les faiseurs de *Gazettes* avaient élu domicile non loin des trafiquants de chansons. C'était le véritable marché de l'esprit imprimé ; on colportait, dans les petites boutiques du Pont-Neuf, les pamphlets, les libelles, les vieux livres et les nouvelles.

« Ce fameux pont ne se contentait pas d'être le plus varié et le plus gigantesque des spectacles en plein vent, dit Édouard Fournier dans sa vaste monographie historique du Pont-Neuf[1], c'était aussi le plus immense des cabinets de lecture ; je ne dis pas cela seulement pour les gazettes et pasquils dont on y faisait marchandise, mais pour les livres aussi qui s'y trouvaient en multitude, et pour lesquels les deux longs parapets s'étendaient comme le double rayon de la plus vaste des Bibliothèques. »

En effet, les Bouquinistes foisonnaient sur les piles de ce grand pont, dont la première pierre fut posée par Henri III ; c'était comme un hôpital de la librairie où les invendus des Sercy, des Courbé et des Barbin (grands Éditeurs de la Galerie du Palais, jouxte le perron de la Sainte-Chapelle) venaient échouer piteusement et implorer la commisération publique. — Boi-

---

1. *Histoire du Pont-Neuf*, par Édouard Fournier. — Paris, Dentu, 1862. — 2 vol. in-12.

leau, dans sa neuvième Satire, parlant des succès éphémères de certains auteurs du jour, désigne le Pont-Neuf comme un Montfaucon des livres bannis par la justice rétroactive des hommes.

> Vous pourriez voir un temps vos écrits estimés
> Courir de main en main, par la ville semés,
> Puis de là, tout poudreux, ignorés sur la terre,
> Suivre chez l'épicier Neuf-Germain et La Serre,
> Ou de trente feuillets, réduits peut-être à neuf,
> Parer, demi-rongés, les rebords du Pont-Neuf.

Furetière n'est guère plus gracieux pour la marchandise bibliopolesque des Parapets, lorsque dans son *Roman Bourgeois* il nous fait voir son Pédant qui « alloit sur le Pont-Neuf chercher les livres les plus frippez, dónt la couverture estoit la plus déchirée, qui avoient le plus d'oreilles, et tels livres estoient, ajoute-t-il, ceux qu'il croyoit de la plus haute antiquité ».

Furetière est un peu trop son propre contemporain dans cette note fugitive ; il y avait assurément sur le Pont-Neuf des livres qui feraient aujourd'hui l'orgueil des plus nobles bibliothèques; on y voyait surtout des romans dans le goût chevaleresque, et vers 1643 on vit paraître (s. l. n. d., in-4°) un Ballet à dix-huit entrées, qui eut grande vogue sous ce titre : *Le Libraire du Pont-Neuf ou les Romans*. — L'*Amadis* y entrait en danse avec l'*Illustre Bassa* de Scudéry et le *Don Quixotte* y prenait figure en compagnie des *Amants volages*. Le commerce des étalages de livres en plein air devait même être excessivement lucratif, puisqu'il éveilla la jalousie des grands libraires de Paris qui se mirent en tête d'intenter un procès à ces pauvres Bouquinistes, comme si les privilèges dont

jouissaient *Messieurs du Palais* ne leur suffisaient point, ne fut-ce que celui qui leur était concédé par un arrêt du conseil à la date du 30 janvier 1649, et en vertu duquel ils pouvaient établir des étalages en plein vent depuis le quai de l'École jusqu'à l'extrémité de la rue de l'Arbre-Sec à la rue du Trahoir.

Mais, comme toujours, les monopoleurs obtinrent gain de cause, et en 1649 parut un règlement contre les bouquinistes indépendants, lequel interdisait à toute personne d'avoir aucune boutique portative, ni d'étaler aucuns livres principalement sur le Pont-Neuf ou ès environ, à peine d'être châtiés comme réfractaires aux ordonnances, outre la confiscation de leurs marchandises, adjugées au profit du premier qui les dénoncerait sans autre forme ni figure de procès.

Saugrain, qui mentionne cette première persécution contre les Bouquinistes dans son *Code de la Librairie*, n'oublie pas de mentionner l'admirable considérant de cet arrêt, à savoir « qu'il falloit remettre l'imprimerie et la librairie en honneur, et retrancher les choses qui tendent à son avilissement ».

Les Bouquinistes protestèrent et la sentence fut retardée plus d'une année, car, en 1650, Gui Patin écrivait à ce sujet : « Il y a ici un plaisant procès entre les libraires ; le syndic a obtenu un nouvel arrêt, après environ trente autres, par lesquels il est deffendu à qui que ce soit de vendre ni d'étaler des livres sur le Pont-Neuf ; il l'a fait publier et a fait quitter la place à environ cinquante libraires qui y estoient, lesquels sollicitent pour y rentrer, et enfin ils ont obtenu un terme de trois mois, afin que pendant ce temps-là, ils puissent trouver des boutiques. »

Les pauvres étalagistes furent donc sacrifiés, au moment même où les *Mazarinades* pleuvaient sur Paris ; leur disparition momentanée causa bien des regrets à tous les estudiants et amis des belles-lettres. — Un érudit, qu'on suppose être Baluze[1], s'exprime avec une expression attristée sur le vide laissé par la suppression des vendeurs de livres en échoppe :

« Autrefois, dit-il, une bonne partie des boutiques du Pont-Neuf estoient occupées par des libraires qui

y portoient de très bons livres qu'ils donnoient à bon marché, ce qui estoit d'un grand secours aux gens de lettres, lesquels sont ordinairement fort peu pécunieux. Aux estallages on trouvoit des petits traitez singuliers qu'on ne connoist pas bien souvent, d'autres qu'on connoist à la vérité, mais qu'on ne s'avisera pas d'aller demander chez les libraires, et qu'on n'achète que parce qu'ils sont à bon marché, et enfin de vieilles éditions d'anciens auteurs qu'on treuve à bon marché,

---

1. *Bibliothèque de l'École des chartes.* — 2ᵉ série, t. V, p. 370.

et qui sont achetées par les pauvres qui n'ont pas moyen d'acheter les nouvelles.

« Ainsi, conclut Baluze, — dont le jugement est tout à fait conforme à nos idées actuelles — il me semble qu'on devroit tolérer les estallages, tant en faveur de ces pauvres gens qui sont dans une extrême misère, qu'en considération des gens de lettres, pour lesquels on a toujours eu beaucoup d'esgard en France, et qui, au moyen des deffenses qu'on a faites, n'ont plus les occasions de treuver de bons livres à bon marché. » — Les Bouquinistes, chassés du Pont-Neuf et des environs, se livrèrent au colportage ou tournèrent la difficulté en louant des petites boutiques où ils furent tolérés. — Nicolas de Blégny, dit Abraham du Pradel, dans son *Livre commode des adresses de Paris* pour 1692, nous fournit de très précieux renseignements sur le commerce de la librairie à la fin du XVIIe siècle, et nous fait voir que les Quais comme aujourd'hui étaient alors peuplés de libraires-étalagistes et de marchands de meubles de la Chine, porcelaines, cristaux, coquillages et autres curiosités et bijouteries. On trouvait assortiment d'ouvrages curieux chez le Sieur Jombert, Quai des Augustins, chez la veuve Nion, Quai de Nesles, où devait se former la célèbre dynastie des Didot : *A la Bible d'or*; les plus belles *Heures* se rencontraient chez les Sieurs Poirion et Vaugon, sur le Pont-au-Change, ainsi que sur le Quai de Gesvres. Les Almanachs ordinaires, imprimés à

Troyes, se vendaient chez le sieur Rafflé, rue du Petit-Pont; enfin les livres de bibliothèque et généralement les vieux livres et manuscrits rares étaient en abondance, rue de la Vieille-Boucherie et quai des Augustins.

Les rigueurs de l'arrêt qui traquait les Bouquinistes se relâchèrent peu à peu et dès 1670 on voyait maint étalage sur le Pont-Neuf et sur les parapets primitifs de la Seine, sans qu'on songeât à sévir contre ces délinquants. — Mlle Chéron, une des héroïnes du *Parnasse des Dames* et qui était à la fois poète, peintre, musicienne et graveur, fit paraître vers ce temps un petit poème en trois chants, *les Cerises renversées*, badinage sans grande valeur, mais qui nous permet de retrouver le libraire-étalagiste, campé, comme nous nous le représentons, tout au bord du joli fleuve, cher aux moutons de Mme Deshoulières. — La citation sera longue, mais il est malaisé de scinder à propos un poème aussi bavard que celui qui nous occupe; et encore ne fournirons-nous point tout l'argument.

Dans le chant III des *Cerises renversées*, Damon vient de garantir le payement du dommage causé par les deux dames dont le char avait renversé tout une cargaison de cerises, lorsqu'un filou lui enlève adroitement sa bourse; le peuple, satisfait de cette prouesse, a laissé partir l'équipage qu'il retenait et entoure Damon. Celui-ci, trouvant sa poche vide, confus de sa déconvenue et se voyant odieusement en butte au courroux de la foule qui le presse, cherche à se dégager en tombant sur elle à coups de canne.

. . . .
Il se bat en retraite, et gagnant le terrain,
Minerve à reculons le conduit par la main.
Il attrape le Quai; là, réside un Libraire,
Des nouveautés du temps riche dépositaire;
On y voit chaque jour, *sur les bords étalés,*
De maint et maint Auteur les titres empoulés.
C'est là que, s'arrêtant, d'une guerrière audace,
Damon aux plus hardis fait déserter la place;
La déesse l'anime en ce pressant besoin,
Guide ses coups, les pousse et de près et de loin.
Tel, assailli des chiens, lassé, mis hors d'haleine,
Est un fier sanglier acculé contre un chêne,
Qui, rappelant sa force en ce dernier combat,
A grands coups de defense atteint, déchire, abat;
Ainsi combat Damon, quand la foule imprudente
Renverse, en se poussant, la *boutique savante.*
Deux cents volumes neufs, en un tas ramassés,
Du parapet dans l'eau se trouvent dispersés;
Vieux et nouveaux, tout tombe, et le triste libraire
Voit voltiger en l'air son dernier exemplaire.

O fortune ennemie! où me vois-je réduit!
Jour malheureux, dit-il, plutôt funeste nuit!
O mes galants auteurs abimés dans la Seine,
Écoutez mes regrets, venez finir ma peine!
Auteurs qui du bon sens renfermiez les trésors;
Qui, sortant du Palais, veniez parer nos bords,
Pourquoi, précipités jusques au fond de l'onde,
N'êtes-vous pas témoins de ma douleur profonde!
Quel magique pouvoir dans le siècle à venir
De vos noms oubliés fera ressouvenir?

Ainsi se lamentait le malheureux libraire, lorsque Mercure, qui bouquinait sans doute pour trouver matière à distraire Jupiter, entend ses plaintes et, avant de regagner l'Olympe, il éprouve le plaisir de consoler philosophiquement le bibliopole affligé.

> Le marchand l'aperçoit : « Favorable Mercure,
> Équitable témoin de ma triste aventure,
> Cria-t-il, tu me vois accablé de douleur ;
> Si jamais des marchands tu fus le protecteur,
> Sois aujourd'hui sensible au coup qui me désole. »
> Mercure, gravement, prend alors la parole :
> « Je sais quelle est ta perte et j'en ai du regret,
> Mais du sort ennemi c'est l'injuste décret ;
> Ces chefs-d'œuvre galants dont tu pleures l'absence
> Périssent presque tous au point de leur naissance !
> Avortons malheureux, dont le brillant destin,
> Comme aux plus belles fleurs, ne dure qu'un matin.
> Va donc, sans frapper l'air de tes plaintes funestes,
> De tes auteurs noyés pêcher les tristes restes.
> Descends. Mais qu'aperçois-je ? O prodige nouveau !
> J'en revois quelques-uns qui reviennent sur l'eau ;
> Le nombre en est petit : vois-tu comme à la nage
> Un favorable vent les repousse au rivage ?
>
> Le reste sous les flots demeure enseveli,
> Et justement mérite un éternel oubli.
> Mais ne t'afflige point d'une perte légère ;
> Les bons sont échappés, j'y fais mettre l'enchère ;
> Même avant que la lune ait montré son croissant,
> Un seul pour le profit t'en vaudra plus de cent. »
> . . . .

Ce fragment poétique nous indique surabondamment que des libraires-étalagistes exposaient en plein vent, vers 1670, toute une cargaison d'ouvrages anciens et nouveaux ; et cela directement sur la berge de la Seine, quai de l'Escole, quai de Nesles, quai des Augustins ou quai *Mal à Quay*. L'installation était primitive ; les livres étaient étendus sur des planches posées sur des tréteaux et l'étalagiste ne craignait pas de raccrocher le passant par un cri spécial, indiquant l'extrême bon marché de sa pacotille.

Les livres étaient déjà si nombreux, qu'ils devaient logiquement déborder dans la rue et les carrefours ou échouer à la Seine. — On ne pouvait point lire tout ce qui s'imprimait, au dire des contemporains, quand même, ajoutait-on, le lecteur aurait eu la conformation que Mahomet donne aux habitants de son paradis, où chaque homme doit avoir 70,000 têtes, chaque tête 70,000 bouches et yeux et chaque bouche 70,000 langues parlant toutes 70,000 langues différentes. — Mais, dans ce fatras d'ouvrages divers, que de richesses il y avait alors en incunables, Aldes et Elzeviers auxquels le xviiie siècle seulement devait apporter toute leur valeur !

Une seule semaine de promenade sur les quais et dans les rues avoisinantes aurait alors permis à un amateur éclairé, moyennant 500 écus sonnants, de réunir une collection d'ouvrages rarissimes que les folles enchères de l'heure présente ne porteraient à pas moins de 500 louis d'or de notre monnaie courante.

Au commencement du xviiie siècle, le revendeur de livres inondait Paris : partout, sur les quais, sur les ponts, dans tous les carrefours, il ouvrait boutique improvisée. — Le Suédois Georges Wallin, dans un passage de sa *Lutetia Parisiorum erudita*[1], relation, en latin, de son séjour à Paris en 1721 et 1722, nous a laissé quelques pages curieuses pour l'histoire du commerce des livres sous la Régence de

Philippe d'Orléans. En voici la reproduction française aussi exacte que se peut :

« Pour ce qui est des Libraires, que j'appellerai *minorum gentium* (on appelait ainsi, à Rome, les familles patriciennes qui ne remontaient pas à l'origine de la République), c'est-à-dire ceux qui vendent des livres, tant vieux que modernes, sous des auvents,

---

1. *Lutetia Parisiorum erudita sui temporis, hoc est annorum hujus sæculi* XXI *et* XXII, *auctore T. W. S. (Georgio Wallino Sueco). Norimbergæ, anno* MDCCXXII. — In-12.

sur tous *les Quais de la Seine* et dans toutes les places et carrefours publics, je n'en parle pas et leur nombre ne saurait être évalué. Je ne dis rien non plus des amateurs libraires (*privatos bibliopolas*), qui font le commerce non en public, mais chez eux. Lorsque j'arrivai à Paris, il y avait encore une quatrième espèce de libraires assez plaisants et qui ne manquaient jamais d'acheteurs. Sur des tables, sur des planches, placées dans la rue, étaient étalés des livres de toute espèce et le marchand invitait à haute voix les passants à les voir et à les acheter. J'ai encore dans les oreilles ces mots, que j'ai entendu si souvent répéter de toute part : *Bon marché! quatre sols, cinq sols la pièce! Allons! vite! Toutes sortes de livres curieux* (en français dans le texte). J'étais stupéfait qu'on pût vendre, à si vil prix, des livres souvent très rares et très bien conditionnés (*rariores et elegantes*); mais j'en appris bientôt les motifs : 1° cette espèce de libraires n'a aucune connaissance des livres; 2° satisfaits d'un petit bénéfice, ils revendront, sans faire autrement attention, ce qu'ils auront acheté aux conditions les plus faciles; car, à Paris, les bibliothèques des personnes qui meurent ne sont pas toujours vendues publiquement à l'enchère, comme cela se fait dans d'autres villes; mais on vend les livres, en quelque sorte, tant à l'aune courante à ceux qui en veulent. Cependant, peu après, ces ventes furent défendues par l'autorité supérieure, tant à cause des abus auxquels elles donnèrent lieu, qu'à cause des autres libraires qui se plaignirent de ne plus voir personne (*quærentium solitudinem ante ostium*). »

Wallin était bien renseigné, car nous trouvons, à la date du 20 octobre 1721, une *Ordonnance de Sa Majesté, qui défend les Étalages de livres, à peine de confiscation, d'amende et de prison*. Le hasard nous ayant fait découvrir cette très curieuse pièce originale chez un marchand bouquiniste des Prés-Saint-Gervais, nous la reproduisons ici en lui laissant tout son caractère d'intégrité.

SA MAJESTÉ étant informée que la licence touchant l'impression et le debit des Livres seroit parvenuë à un tel point, que toutes sortes d'Écrits, sur la Religion, sur le gouvernement de l'État, et contre la pureté des mœurs, imprimés dans les pays etrangers, ou furtivement dans quelques villes de son Royaume, sont introduits par des voies obliques et detournées dans sa bonne Ville de Paris, et y sont distribués par gens sans qualité et sans aveu, qui les colportent dans les maisons particulières, dans les Hôtelleries, les Cabarets et les Caffés et même par les Ruës, ou qui les débitent à des Étalages de Livres, sur les *Ponts, Quais, Parapets*, Carrefours et Places publiques ; et qui, pour mieux couvrir leurs mauvaises pratiques, affectent de garnir ces Étallages d'autres Livres vieux ou neufs, la plupart vendus et voles par des enfants de familles ou des domestiques, et recellés par ces Étalleurs ; et que ces abus également deffendus par les Ordonnances et Règlements intervenus sur le fait de la librairie et de l'imprimerie ont fait un tel progrès, que ceux proposés pour y veiller n'ont pu en arrêter le cours, ni même exercer la Police qui leur est commise, sans exposer leur vie, par la Rébellion et la violence de ces sortes de gens, qui sont soutenus par les gagne-deniers servants sur les Ports et autres de la Populace. A quoi étant nécessaire de pourvoir, SA MAJESTÉ, de l'avis de Monsieur le Duc d'Orléans, Régent, a fait tres expresses exhibitions et deffenses à toutes personnes d'introduire en cette Ville de Paris, par des voies subreptices, et contraires à la disposition des Règlements rendus pour l'Entrée des Livres, aucuns Libelles ou imprimés, sous les peines portées audits Règlements. Fait pareillement deffenses, à  toutes personnes, même aux Libraires ou Imprimeurs de faire aucuns Étallages de Livres et d'avoir des boutiques portatives sur les Ponts, Quais, Parapets, Carrefours, Places publiques et autres lieux de cette Ville de Paris, même dans les maisons royales et privilégiées, en quelque manière et pour quelque prétexte que ce soit, à peine de mille livres d'amende, de confiscation et de prison, même de punition exemplaire si le cas y échoit; et à tous, Propriétaires, principaux Locataires, Concierges et autres de louër aucuns lieux pour servir à l'entrepost, serrage ou autrement des Étallages de Livres, ou souffrir qu'il en soit mis dans leurs maisons, à peine de pareilles amendes et de répondre en leurs propres et privés noms des dommages et intérêts qui résulteront de la contravention suivant la nature des Livres et l'exigence des cas.

Deffend, Sa Majesté, à toutes personnes de quelque qualité et condition qu'elles soient, de donner auxdits Étalleurs aide, secours et main-forte contre les Officiers de Police, et autres préposez pour la recherche desdits étallages, à peine de désobéissance et d'être punis comme rebelles et perturbateurs de l'ordre public.

Deffend pareillement Sa Majesté à tous Soldats et autres sans qualité, de colporter et distribuer aucuns livres ou imprimés de quelque nature que ce puisse être dans les maisons particulières, hôtelleries, cabarets, caffez et dans les rues, à peine de prison, de confiscation et d'amendes et autres plus grandes peines s'il y échoit ; et à tous Hôtelliers, Cabaretiers et Vendeurs de Caffé de souffrir qu'il soit exposé, distribué ny débité aucun desdits libelles dans leurs maisons et boutiques, à peine d'en répondre en leurs propres et privés noms, de déchéance de leur maîtrise et autres peines suivant l'exigence des cas.

Fait aussi deffenses aux Libraires et Imprimeurs d'avoir leurs boutiques ou Magasins ailleurs que dans les limites qui leur sont prescrites par les Règlements, comme aussi d'exposer en vente et débiter aucuns Livres, les jours des Dimanches et des Fêtes, à peine de confiscation et d'amende.

Enjoint SA MAJESTÉ au sieur de Baudry, Maître des Requestes, et Lieutenant général de Police, de tenir la main à l'exécution de la présente ordonnance, qui sera publiée et affichée partout où besoin sera, à ce que personne n'en ignore.

Fait à Paris le vingt octobre mil sept cent vingt-un. *Signé* Louis, et plus bas PHÉLYPEAUX.

L'Ordonnance ci-dessus confiée aux presses de Jean de La Caille, imprimeur de la police, fut lue et publiée à haute et intelligible voix, à son de trompe et cri public, en tous lieux ordinaires et accoutumés, par Jean Lemoine, huissier au Châtelet de Paris et commis à l'exercice de juré crieur de la Ville, Prévôté et Vicomté de Paris, et elle fut affichée également ledit jour auxdits lieux. — Les pauvres étalagistes, persécutés à nouveau, durent se replier à l'ombre et chercher avec prudence des moyens de débiter leur marchandise sous le manteau. On s'indigna bien avec l'esprit frondeur des Parisiens; on fit des chansons, des libelles, mais il fallut plier néanmoins boutique. Dans une de ces *Requestes* en vers, il est question, à la façon naïve de Loret, de la vie pénible et forcenée des malheureux bouquinistes, si injustement frappés par l'Édit royal :

> Ces pauvres gens, chaque matin,
> Sur l'espoir d'un petit butin,
> Avecque toute leur famille :
> Garçons apprentis, femme et fille
> Chargeant leur col et plein leurs bras
> D'un scientifique fatras,
> Venoient dresser un étalage
> Qui rendoit plus beau le passage
> Au grand bien de tout reposant,
> Et honneur dudit exposant;
> Qui, tous les jours, dessus ses hanches,
> Excepté fêtes et dimanches,
> Temps de vacance à tout trafic,
> Faisoit débiter au public
> Denrée à produire doctrine
> Dans la substance cérébrine.

Cette proscription des bouquinistes parisiens demeura certainement sans grand effet, car, sous le règne de Louis *le Bien-aimé*, plusieurs Ordonnances nouvelles, formulées en termes presque identiques, furent affichées et criées aux quatre coins de la ville. Vers 1756, les Arrêts, Ordonnances, Sentences de police se multiplièrent à l'infini. Nous en avons

sous les yeux un recueil factice de 47 pièces in-4°
portant suppression et démolition des échoppes et
étalages du marché aux Poirées, du quai des Augustins, des boutiques portatives du Pont-Neuf. Toutes
font mention de marchands libraires, brocanteurs de
livres, ce qui, dès lors, ne laisse pas de doute sur l'envahissement des bords de la Seine par les étalagistes,
tout au moins sur les quais voisins du Pont-Neuf.

Dans ces Arrêts, interdiction est faite aux marchands occupant des boutiques mobiles, dressées et
défaites chaque jour, d'étaler livres ou images, sous
le singulier prétexte de licence et d'abus.

Toutefois, il est bon d'ajouter que le bouquiniste
malin montra des souplesses d'anguille et des ruses
subtiles pour échapper aux Édits qui le poursuivaient.

Visé par une suite d'arrêts terribles et d'ordonnances injustifiées sous les règnes des quatre Louis
successifs, il eût pu se décourager et lâcher un ingrat métier ; mais, en véritable enfant de Paris, il fit
bonne contenance, et, malgré les foudres des procu-
reurs de Leurs Majestés, le Bouquiniste ne s'esquiva
que pour toujours revenir sur l'eau, fleurir le bord
de la rivière ou les parapets des ponts.

Les quais de la rive gauche étaient alors mouvementés et joyeux, la belle société y prenait rendez-
vous, du moins dans la partie qui faisait face au
Louvre et aux Tuileries. Le quai des Théatins (aujourd'hui quai Voltaire) offrait à l'admiration des
étrangers le couvent et la belle église des bons pères,

ainsi que les deux hôtels de Mailly, dont les jardins et la terrasse occupaient tout l'espace compris entre la rue du Bac et la rue de Beaune ; l'hôtel de Morstin, bâti au coin de la rue des Saints-Pères par le Florentin Falani, n'annonçait pas moins somptueusement l'amorce du quai Malaquais, où l'on pouvait

encore admirer deux superbes monuments, l'hôtel de Bouillon, embelli par le pinceau de Lebrun, et celui de la reine Marguerite, devenu depuis 1718 l'hôtel Gilbert de Voisin [1].

Ces deux quais se trouvaient être alors la promenade favorite des femmes de qualité, qui s'y rendaient l'après-midi pour y montrer leur rouge, leurs

---

[1]. Voir dans les *Rues de Paris*, Paris ancien et moderne (1844), l'étude de Mary Lafon sur *les Quais*, t. Ier, p. 293-316.

paniers, leurs mouches, leurs éventails de Chine et les petits laquais qui portaient leurs queues. En traversant les rangs serrés de ces belles promeneuses parmi lesquelles se glissaient quelques demoiselles de modes et plus d'une fille d'Opéra, on remontait par le quai armorié des Quatre-Nations jusqu'à celui de Conti, que bordaient entièrement dans toute sa longueur l'hôtel de ce nom et l'hôtel de la Roche-sur-Yon. Ce fut dans cet hôtel Conti, alors hôtel Guénégaud, que Molière habita, à cette place même où, en 1771, on éleva l'hôtel des Monnaies encore actuellement debout.

Les Bouquinistes affluaient alors dans ces parages et il était de bon ton pour les aimables promeneurs et promeneuses de marivauder autour des boutiques de livres, en distillant le bel esprit le plus quintessencié sur le goût du jour et les petits écrits à la mode. A toute heure du jour, ces parages étaient très fréquentés, surtout par les hommes de lettres, les clercs de la basoche et les étrangers. Une particularité historique assez ignorée mérite d'être consignée par nous, car elle montre que non seulement les libraires et les étalagistes contribuaient à attirer la société lettrée aux environs de l'hôtel Mazarin, mais aussi qu'il y existait un lieu de rendez-vous fort bien achalandé de journaux français et anglais.

C'était, en effet, à l'angle de la rue Dauphine et du quai Conti que se trouvait situé le premier établissement connu à Paris sous le nom de *Café an-*

glais. On lisait en grosses lettres peintes sur l'enseigne : *Café anglais — Béchet, propriétaire*.

Lieu de rendez-vous de la plupart des écrivains anglais venus à Paris pour se lier avec les littérateurs de l'époque, les encyclopédistes et les poètes de la cour de Louis XV, ce café offrait, vers 1769, à ses clients la lecture des gazettes les plus estimées de la Grande-Bretagne, la *Gazette de Westminster*, le *London Evening Post*, le *Daily Advertiser* et les diverses brochures publiées de l'autre côté du canal.

Cabinet littéraire presque autant que débit de limonade et de café, il était exploité par Béchet, le chef d'une dynastie de libraires qui ont tenu presque jusqu'à ce jour boutique sur le quai des Augustins et dans les rues voisines de la Sorbonne.

Il faut savoir que le quai Conti n'était jusqu'en 1769 qu'un passage très étroit donnant accès à la descente d'un abreuvoir. Entre le Pont-Neuf et l'édifice qu'on appelait le Château-Gaillard, lequel s'élevait là où débouche la rue Guénégaud, il y avait des échoppes et il s'y tenait une petite foire perpétuelle.

Ce Château-Gaillard, qui était une dépendance de l'ancienne porte de Nesle, avait été octroyé par François Ier à Benvenuto Cellini. L'illustre orfèvre florentin y recevait les visites du souverain protecteur des arts et exécutait sous ses yeux les œuvres qu'il lui commandait.

Ce *Café anglais,* tenu par Béchet, explique suffisamment la vogue du quartier Conti parmi les insulaires à la fin du siècle dernier. On se souvient que Sterne, dans son délicieux *Voyage sentimental*, était descendu, en 1767, à l'*Hôtel de Modène*, situé rue Jacob, en face la rue des Deux-Anges et l'on n'a pas oublié son amour pour les quais et l'aventure qui lui advint en flânant chez un libraire du quai Conti, où il désirait se procurer un exemplaire de Shakespeare, afin de relire les conseils de Polonius à son fils sur les voyages. — Il y a dans ce chapitre de Sterne une scène charmante qui fait bien le tableau le plus curieux de l'amateur vis-à-vis du libraire, il y a plus d'un siècle. L'aventure de la jolie femme de chambre venant pour acheter les *Égarements du cœur et de l'esprit* et que l'humoriste anglais accompagne, tendrement ému, n'est pas non plus à dédaigner comme rappel de mémoire relativement à notre sujet. C'était l'usage des gens d'esprit, comme le remarque Fournier, de se donner ainsi, dans les librairies, des heures d'école buissonnière. On allait chez Quillan, qui avait son cabinet de lecture rue Christine ; on allait surtout rue Saint-Louis-au-Palais, près le Pont-Neuf, chez Desauge le père, qui, par suite d'un accord avec la police, avait seul conservé le singulier droit de vendre les livres érotiques prohibés.

Diderot, dans son *Salon* de 1761, raconte comment il connut, lorsqu'il avait vingt ans, la femme de Greuze, alors jeune fille dans une petite librairie : « Je l'ai bien aimée, dit-il, quand j'étais jeune et qu'elle s'appelait Mlle Babuti. Elle occupait une petite boutique de librairie sur le quai des Augustins ; poupine, blanche et droite comme le lis, vermeille comme la rose. J'entrais avec cet air vif et fou que j'avais, et je lui disais : « Mademoiselle, les *Contes de La Fontaine*... un *Pétrone,* s'il vous plaît. — Monsieur, les voilà ; ne vous faut-il pas d'autres livres? — Pardonnez-moi, mademoiselle, mais... — Dites toujours? — La *Religieuse en chemise.* — Fi donc, monsieur! Est-ce qu'on lit ces vilenies-là? — Ah! ah! ce sont des vilenies, mademoiselle ; moi, je n'en savais rien.. » Et puis un autre jour, quand je repassais, elle souriait et moi aussi.

Restif de la Bretonne, dans ses *Contemporaines,* n'a pas, plus que Diderot, omis de nous conter ses amours avec quelques *bouquinières,* et il a écrit tout un long chapitre sur la *belle libraire* et la *jolie papetière,* où les documents ne manquent certes pas, mais nous y renvoyons les curieux.

Les XVIIe et XVIIIe siècles furent la joyeuse époque des quais et du quartier Dauphine.

Les gaietés de la rue qui s'offraient alors aux Parisiens sur le Pont-Neuf, sur la place Dauphine, sur la place de l'Estrapade et à Saint-Laurent, ont depuis longtemps disparu du centre de la ville et ont gagné les points extrêmes. Charlatans, hercules, escamoteurs, chansonniers, vendeurs de pains d'épices au tourniquet, etc., opérèrent avant 1870 au carrefour de l'Observatoire, aux abords du pont d'Austerlitz, sur la rive gauche et sur la rive droite de la Seine, et à la place du Trône. Depuis, presque tous ont disparu.

Il nous vient en mémoire à ce sujet une devise qui figurait au xvıı^e siècle sur la toile-affiche d'un arracheur de dents nommé Carmeline, établi sur le Pont-Neuf, devant la place Dauphine. Au milieu de molaires et de canines fraîchement arrachées et enfilées comme des grains de chapelet, on lisait : *Unâ avulsâ, non deficit altera.* (Une dent arrachée, il n'en manque pas d'autres.) Cette devise, empruntée à Virgile et plaisamment travestie pour la circonstance, avait valu un grand succès au charlatan.

A propos de charlatan, expression bien souvent employée et appliquée à d'autres qu'aux industriels du Pont-Neuf — sait-on son origine? Elle est des plus bizarres.

Il y avait, à côté de l'arracheur de dents de la place Dauphine dont nous venons de parler, un tréteau occupé par un marchand de drogues de toutes sortes et de poudres de toutes les vertus. Son enseigne portait : *Il signor Desiderio Descomba, pre-*

gratissimo medico di Milano. (Seigneur Désiré Descomba, très estimé médecin de Milan.)

Il était vêtu d'un habit ou tunique rouge écarlate, en italien *scarlattino, scarlatano,* d'où a été fait le mot charlatan.

Une autre étymologie curieuse : celle d'*orviétan.* C'est encore à un charlatan du vieux Pont-Neuf qu'on la doit.

Le *signor Hieronimo de Ferranti,* originaire d'Orvieto, ville d'Italie, dans la province de Viterbe, vint ouvrir une boutique d'onguents à Paris, au bas du Pont-Neuf, à l'angle de la rue Dauphine, où l'on voit aujourd'hui un café-buvette.

L'officine du seigneur d'Orvieto avait pour enseigne un soleil. Il vendait un électuaire qui avait toutes les vertus imaginables et guérissait toutes les maladies. Sur un panneau de la boutique étaient encadrées des lettres attestant que ce remède sans égal avait guéri tous les plus puissants souverains de l'Afrique, contrée à peu près inconnue à cette époque.

Tout Paris accourut au *Soleil.* L'électuaire prit le nom d'*orviétan,* et l'on vit s'empresser à l'officine du charlatan italien la foule des étrangers venus de tous les points de l'Europe pour acheter ce spécifique qui triomphait, d'après les certificats répandus par le charlatan, de tous les maux passés, présents et futurs.

L'expression d'*orviétan* resta pour caractériser

une chose sans valeur, et on appela tout trompeur, tout débitant de paroles pompeuses, « marchand d'orviétan. »

Nous ne pouvons passer sous silence, puisque nous parlons des charlatans du xviie siècle, le célèbre baron de Gratelard, grand vendeur d'onguent sur le même Pont-Neuf. Il avait dans son répertoire les facéties les plus plaisantes. Le public, curieux de le voir et de l'entendre, se disputait à coups de poing les places auprès de son tréteau.

On a imprimé de lui *les Entretiens familiers du sieur baron de Gratelard, disciple de Verboquet.*

Mais cette digression est peut-être bien longue ; revenons aux bouquinistes des quais. Au xviiie siècle, ce nom de Bouquiniste, d'origine allemande ou plutôt hollandaise, était alors pris dans les deux sens et désignait à la fois les vendeurs et les chasseurs de bouquins. — « On appelle Bouquiniste, écrivait Sébastien Mercier, un homme qui arpente tous les coins de Paris pour déterrer les vieux livres et les ouvrages rares, et celui qui les vend. Le premier *visite les quais*, les *petites échoppes*, tous ceux qui étalent des brochures. Il en remue *les piles qui sont à terre*, il s'attache aux volumes les plus poudreux et qui ont une physionomie antique. »

Mercier ne parle pas du Bouquiniste dans le second sens, et il faut feuilleter avec soin son *Tableau de Paris*, jusqu'au chapitre *Revendeurs de livres*, pour y trouver le curieux passage qui suit :

« On lit certainement dix fois plus à Paris qu'on ne lisait il y a cent ans, si l'on considère cette multitude de petits libraires, qui, retranchés dans des échoppes au coin des rues, et quelquefois en plein vent, revendent les livres vieux ou quelques brochures nouvelles qui se succèdent sans interruption... Ces détailleurs vendent souvent les livres nouvellement défendus, mais ils se gardent de les étaler ; ils vous les présentent derrière les ais de leur échoppe ; cette singerie leur vaut quelques sols de plus, ils grippent donc quelque monnaie çà et là sur toutes les nouveautés possibles, le sacré et le profane. Le diplomatique, la banque, la querelle du déficit, la guerre des Turcs et des Impériaux, la vie des papes ou celle des ermites, tout leur est bon ; ils épilent la première page, défigurent le titre en voulant le prononcer et vendent les œuvres du génie comme on vend un morceau de fromage. »

N'est-ce pas joli comme observation ? Mais Mercier, plus loin, achève encore mieux le portrait :

« Ces détaillants vont aux inventaires, achètent sans les connaître tous les livres qu'on ne lit plus, en secouent la poussière et les étalent. L'acheteur qui passe interrompt sa marche et, avant de se décider, en lit quelques pages ; tel autre, entraîné par le goût de sa lecture, lit le livre debout et le lirait jusqu'à la fin si le vendeur ne le faisait sortir de son enchantement.

« Les romans, les voyages et quelques livres de

dévotion ; voilà ceux qui sont enlevés de préférence aux autres — les poésies sont tombées, et la prose en tout genre se vend mieux que les vers, qu'on ne lit plus. (Les lut-on jamais dans la foule?)

« Parmi ces détailleurs, placés dans les passages des promenades publiques, dit en outre Mercier — comme s'il eût voulu nous démontrer que rien ne change — se trouvent quelques espions qui servent à deux fins ; à reconnaître les gens signalés et à dénoncer ceux qui leur apporteraient quelque brochure illicite, ou bien qui leur demanderaient, avec un appétit trop visible, un de ces libelles qui, le plus souvent, ont des titres imaginaires. »

Mercier ne parle qu'incidemment des quais, mais il est démontré que les livres y affluaient sur une large partie de la rive gauche, tant en boutiques et échoppes qu'en étalages en plein vent. Sur le Pont-Neuf, dans les petits pavillons construits sur les demi-lunes des piliers en 1775 et qui ne furent démolis entièrement qu'en 1853, on comptait des bouquinistes en majorité. Dans l'*Almanach de la Samaritaine* qui parut en 1787, on trouve : « La Samaritaine se connaît en livres, on en a tant vendu sur le parapet qui l'avoisine! Elle croit pouvoir prédire que « les in-folio continueront d'être au rabais et les in-seize à posséder une vogue étonnante. On les emporte facilement et, quelque chose de mieux, on les perd. »

Curieuse satire qui tend encore à prouver que

l'horreur des grands formats n'est pas absolument spéciale à notre temps et ne vient pas seulement, comme on le dit, de l'exiguïté de nos logis actuels !

Sous la Révolution, les étalagistes connurent les jours de liberté et même de licence, car, selon le mot de Meister, en l'an V, la capitale du monde eut l'air, vers ce moment, d'une immense friperie. Mais quelles occasions pour les amateurs d'alors ! Les richesses se brocantaient par charretées et dans les boîtes disjointes alignées sur les parapets on rencontrait d'admirables volumes déjà fatigués par le grand air, des elzévirs à grandes marges somptueusement couverts de vieux maroquin rouge, de superbes éditions des XVIe et XVIIe siècles reliées par les Ève et Le Gascon, des grands in-folio contenant la description des fêtes du précédent règne, sous leurs vêtements de peau couverte de petits fers et d'armes royales, tout cela mangé par le soleil, amolli par la pluie, sali par la poussière ! Quelle évocation ! Bibliophiles, nos frères, ah ! que n'étions-nous là, comme autant de saint Vincent de Paul, pour accueillir et réparer tous ces déshérités ?

C'est un peu plus tard que Mme de Genlis écrivait dans ses *Mémoires* ces lignes qui nous font sursauter d'envie : « Je m'arrêtais sur les quais, dit-elle, devant de petites boutiques dont les livres reliés portaient les armes d'une quantité de personnes de ma connaissance, et, dans d'autres boutiques, j'apercevais leurs portraits étalés en vente. »

Dans les *Fragments sur Paris* de Jean-Laurent Meyer, traduits de l'allemand par le général Dumouriez et publiés à Hambourg en 1798, on rencontre également cette note : « Le quai de Voltaire ressemble à une galerie d'estampes. Les marchands en ont tapissé toutes les murailles des maisons. On y trouve d'excellents morceaux anciens et nouveaux, mais aussi beaucoup de rebut. Les estampes innombrables qui ont paru pendant la Révo-

lution et qui y avaient trait sont disparues. Je n'ai vu qu'une mauvaise estampe représentant l'attaque des Thuileries du 10 août. J'en ai inutilement cherché plusieurs autres, ainsi que les portraits des hommes devenus célèbres par la Révolution; on ne trouve plus la collection de Frésinger des membres de l'Assemblée constituante, cet excellent artiste ayant passé en Angleterre. Les marchands eux-mêmes ont brûlé leurs collections, de peur d'être accusés et arrêtés sous le règne de Robespierre. Le célèbre graveur Alix a détruit, à cette même époque de terreur et de faiblesse, la plupart de ses meilleures estampes, surtout les portraits des hommes célèbres, parce qu'on faisait alors des recherches dans les maisons des artistes pour les rendre suspects; ce n'est qu'après le 9 thermidor qu'il a osé enrichir sa belle suite des portraits enluminés des grands hommes, de ceux de Mirabeau, Bailly et Lavoisier. »

Ce fut le bon temps toutefois, comme l'écrivit l'historien du Pont-Neuf; le bon temps des bouquinistes surtout! L'un d'eux, qui devint plus tard un riche libraire et dont le maigre étalage se desséchait alors sur le quai des Augustins, ayant appris, le 5 germinal an VI, que l'on allait transporter à l'Arsenal tous les livres de théologie et de dévotion du château de Sceaux, pour les transformer en étuis de cartouches et de gargousses, courut au lieu du massacre et trouva moyen, d'entente avec le voiturier, d'échanger les merveilles aux armes de la duchesse du Maine contre de mauvais bouquins sans valeur. Les beaux livres du château de Sceaux, expédiés par cet intelligent libraire en Angleterre, lui assurèrent toute une petite fortune. Au chapitre CCXXI de son

PROLÉGOMÈNES HISTORIQUES. 57

Paris pendant la Révolution, le citoyen Mercier signale l'envahissement des étalages et des bouquinistes.

« Ce qu'il y a de plus apparent dans la ville, écrit-il, c'est de voir les quais, les ponts, les carrefours, les places publiques, les coins de rue, et même les rues dans toute leur longueur obstrués par des étalages mobiles, des échoppes, des baraques; de voir même les magasins d'épicerie en avant sur le pavé.

« *Les rebords des quais sont couverts de livres;* il y en a encore plus que de marchands de gâteaux; il faut qu'on lise prodigieusement, car partout vous ne voyez que les brochures étalées. Il y a des libraires sur roulettes qui s'enfuient quand il pleut et qui reviennent dès que le soleil reparaît.

« De quelque côté que vous tourniez vos pas, vous apercevez la foire permanente de la France dont les acteurs sont nichés dans le plus petit trou possible. On a trouvé le secret de faire dans le moindre espace le plus grand nombre de boutiques. On a creusé toutes les murailles, et telle rue de Paris est comme une ruche à miel, où ce problème se trouve résolu par un mécanisme mercantile. »

Malgré cette liberté extrême laissée aux menus détaillants et aux bouquinistes, le commerce des livres sous la Révolution, le Directoire et le Consulat ne marchait pas à souhait, comme on le pourrait supposer; le hasard des flâneries fureteuses nous a fait découvrir chez un chiffonnier un curieux factum manuscrit, évidemment fait pour l'impression et qui nous paraît avoir été écrit par quelque libraire mécontent, aux approches de l'an VIII ou IX. C'est un *Mémoire pour le corps de la librairie, contre au moins trois cents particuliers vendeurs, brocanteurs, recelleurs et étalleurs de livres.* Il est très particulièrement typique, mais malheureusement inachevé. Il ne contient que quatre pages et demie de format in-4°. En voici le début :

L'état déplorable et la triste situation où se trouve la librairie porte enfin ses Membres à recourir à l'autorité des premiers Magistrats, pour arrêter la licence effrénée d'une foule de gens de tous états qui entreprennent cette Profession (nom donné à regret à une science qui renferme toutes les autres) de marchands de livres (non libraires) de toutes espèces, dans la plus belle ville de l'Europe.

Des livres presque uniques, tombés dans les mains des brocanteurs, ont été, faute de connaissances, vendus à des beurrières, de telle sorte que des savants, et, qui plus est, des bibliothèques publiques, en ont été privés.

Quel chagrin de voir des livres confondus sur un Pont-Neuf avec des melons, un décrotteur quitter le service auquel son état l'engage, pour vendre des livres, une femme chercher un Virgile elzévir dans un tas d'échalotes qu'elle vend au litron !

Les piliers des Halles, qui l'eût cru ! cette friperie réceptacle de toutes les friponneries se trouve les dimanches et fêtes garnie de livres; je laisse à juger d'où ils viennent.

Qui aurait pu penser qu'on puisse acheter des livres dans des paniers montés sur un cheval, comme on achèterait un fromage mou? Et cependant cela se voit tous les jours en pleine rue de Paris.

Qui croira davantage qu'un domestique, après avoir volé, exposera dans la boutique de sa ravaudeuse les livres dérobés à son maître? — C'est pourtant ce qui se peut faire, en raison de la tolérance abusive des étalages de livres.

Il y a douze ou quinze ans, les inventaires de livres formaient des académies journalières; les particuliers, les savants joints aux libraires faisaient des assemblées gracieuses pour la société civile et profitables pour les héritiers; aujourd'hui ces sociétés sont changées; ce sont des décrotteurs, revendeurs, brocanteurs, laquais, étaleurs et une foule de gens sans feu ni lieu, dont pour la plupart on ne connaîtra jamais ni le nom ni la demeure, qui s'emparent d'un inventaire, de telle sorte que les libraires ou les particuliers n'en puissent approcher; ils font plus, par actes et paroles, ils maltraitent nos veuves, si âgées qu'elles puissent être.

Ce joli tableau de la bande noire des étalagistes d'autrefois est, dans ce factum, très longuement développé, et, comme on le peut voir, il n'a rien de séduisant. Au nom de ses confrères, les libraires en boutique, le rédacteur de ce document demande donc aide et protection au gouvernement; il réclame des privilèges et il s'élève avec indignation contre les prêtres et les moines qui, eux aussi, font commerce de livres, ce qui leur est défendu par les saints canons qui les contraignent « à employer leur temps à se convertir en convertissant les autres ».

Nous n'avons cité quelques extraits de cet étrange

mémorandum que pour montrer à quel degré le négoce de la librairie s'était alors abaissé. De toutes parts on constate cette débâcle du livre, et J.-B. Pujoult, dans son *Paris à la fin du* XVIIIe *siècle*, vient encore nous en fournir une nouvelle preuve :

« Jamais la science et la littérature, dit-il, n'ont été à si bon marché ; cependant la classe pauvre lit beaucoup, depuis que la classe riche ne veut ou ne peut pas lire.

« *A un sou la pièce!... A deux sous la pièce!* voilà le cri le plus répété sur le boulevard Montmartre et le quai du Louvre ; mais que croyez-vous que le marchand annonce? Des petits gâteaux ! — Non, ce sont des livres.

« Voyez ce tas poudreux, c'est le fretin de la bibliothèque d'un rentier ; il n'a pas vendu cette charretée de livres, en bloc, plus de deux liards le volume. Parcourez avec moi les titres des volumes ; quelle bigarrure ! Voici un livre d'église à côté des *Contes de La Fontaine,* ici les œuvres de Nicolle sous un pamphlet de Voltaire, plus loin un panégyrique de saint Louis sous la même reliure que les *Révolutions de Paris.*

« Mais, poursuit Pujoult, ce qui foisonne ici, ce qui fait le fonds du bouquiniste, ce sont les mémoires particuliers de France ; lisons : *Mémoires militaires de l'abbé Millot...*, *Mémoires de la Vieuville...*, *Mémoires de Feuquières...*, *Mémoires d'État de Villeroi*, *Mémoires du cardinal de Richelieu...* A un sou, à un sou le volume ! *Mémoires de Sully !* à deux sous. — Ah ! ceux-ci, je les emporte !

« Apaisez-vous, ombres indignées, si vos noms ne font plus la fortune du libraire, s'ils le ruinent même ; sachez que depuis plus de six mois tous les épiciers, les fruitiers et autres marchands de mon quartier n'enveloppent les marchandises qu'ils vendent en détail que dans des feuilles entières des *Lettres de Voltaire,* beau caractère, beau papier. Ce que je dis là est positif. Oui, je n'ai lu cette collection que parce que j'aime le fromage de Gruyère et les cerises. »

Cette effroyable liquidation de livres vendus moins cher que le poids du papier était toute naturelle au sortir de la Révolution et pendant les premières guerres de la République ; le marché devint encombré pour tant de claires raisons qu'il ne nous semble pas urgent de les exposer ici ; en consultant l'*Histoire de la librairie française* de Werdet, on verra comment progressivement les livres revinrent en honneur au milieu de l'Empire et sous la Restauration. Bonaparte, en donnant un essor général à toutes les industries, sortit les pauvres bouquins de leur marasme et, sous le coup d'œil géométrique du vainqueur d'Italie et d'Égypte, les rives de la Seine s'alignèrent et se revêtirent plus régulièrement d'un solide et utile rempart de pierres sérieuses assises pour nos amis les étalagistes.

Ce serait le moment pour nous, si la fantaisie

pouvait ici dominer le document précis, de parler de la mansarde de Bonaparte au quai Conti, et de montrer le jeune lieutenant allant et venant le long des quais, le front pensif, très passionné à rechercher parmi les boîtes des livres d'algèbre, d'histoire  et de géographie ; mais cette légende de la mansarde du quai Conti, au n° 5, à l'angle de la ruelle de Nevers, à deux pas du *Petit Dunkerque*, n'a plus de raison d'être depuis que M. Auguste Vitu, dans un travail très intéressant, a nettement établi que la mention du séjour de Bonaparte dans cette maison était aussi fausse dans le fond que dans la forme [1].

N'insistons donc pas et ne répétons pas avec Édouard Fournier cette version qui présente Napoléon conduisant Marie-Louise aux alentours du Pont-Neuf pour lui montrer avec émotion la chambre où, solitaire et ambitieux, il vivait pauvrement au

---

1. *Bulletin de la Société de l'histoire de Paris et de l'Ile-de-France*, année 1884, p. 164.

sortir de l'École militaire, attendant fébrilement l'occasion de se signaler.

Sous l'Empire et sous la Restauration, l'histoire des étalagistes des bords de la Seine mériterait de nous arrêter si nous n'étions assuré de pouvoir borner notre causerie sur ce sujet ; mais déjà les documents se multiplient sous nos regards, les souvenirs abondent dans notre mémoire, évoquant de si nombreuses lectures faites sur ce précieux sujet ; les Barba, les Nodier, les Peignot, les Pixérécourt, les Didot, les Werdet, les Paul Lacroix, Hugo même ont parlé deci, delà si excellemment des excellents bouquinistes de la première moitié de ce siècle, de leur physionomie et des admirables trouvailles qui se faisaient à leur étalage mobile, que ce serait folie de prétendre résumer tout cela.

Le type qui domine tous les autres, la gloire des marchands des quais, fut Achaintre, le très savant latiniste qui, vers 1811, sur les parapets faisant face à l'Institut, vendait des bouquins qu'il prenait souvent la peine d'annoter. M. de Fontane, alors grand maître de l'Université, avait songé à placer ce pauvre latiniste loqueteux dans quelque bibliothèque où il eût pu travailler à l'abri des intempéries ; mais le brave homme était sourd, il n'avait point les dons des quémandeurs et des courtisans, il fut oublié, et mourut à son poste, en un âge avancé.

M. Victor Fournel, sous le pseudonyme de Henry Bruneel, dans le *Magasin pittoresque,* publia, il y a près de quarante ans, un conte très vivant qui met en scène le bonhomme Achaintre et un étudiant. L'étudiant, sur les quais, lui demande, sans le connaître, des renseignements relatifs à l'édition de Juvénal que l'admirable latiniste venait de publier. « Mais c'est moi qui suis Achaintre », répond le bonhomme tout ému. L'anecdote est charmante et nous regrettons de ne pouvoir la reproduire ici.

Les plus grands succès de livres sur les quais à l'époque de la Restauration furent dus à la vogue considérable des auteurs étrangers qui eurent une réputation immodérée pendant plusieurs années ; ce qu'on vendit de Shakespeare, de Walter Scott, de Schiller, de Lessing, de Wieland, est incommensurable. Le libraire Ladvocat, qui avait lancé ce genre, en était débordé ; mais les classiques baissaient terriblement ; Viennet, Delavigne, Lamartine et Hugo se vendaient déjà fort bien, même d'occasion, à la salle de vente de Sylvestre, rue des Bons-Enfants, où les étalagistes allaient déjà s'approvisionner vers la fin du jour. Mais, comme sous le manteau il se débitait quelques livres grivois, par l'entremise des bouquinistes, il y eut répression.

En 1822, à la date du 31 octobre, le préfet de police Delavau lança une *Ordonnance,* longuement élaborée et très sévère, concernant les étalagistes, soit bouquinistes ou marchands de livres, soit marchands de gravures, lithographies, tableaux ou autres objets d'art, établis sur la voie publique.

PROLÉGOMÈNES HISTORIQUES.

Considérant, dit cette circulaire, que les marchands étalagistes, établis sur la voie publique, tiennent souvent en exposition des ouvrages, livres ou objets d'art quelconques, plus ou moins dangereux ou contraires aux lois;

Considérant que les étalages ne peuvent s'établir que d'après une autorisation expresse délivrée par nous, et que les marchands qui se servent de cette autorisation comme d'un moyen de corrompre les mœurs ou l'opinion publique abusent du bienfait de l'autorité, qui resterait responsable du mal qu'ils favorisent, si elle ne se hâtait d'y mettre un terme;

Ordonnons ce qui suit :

1° Tout marchand étalagiste établi sur la voie publique sera tenu de faire disparaître de son étalage tout livre, gravure ou objet d'art quelconque, qui serait jugé par l'autorité contraire aux lois et dangereux pour les mœurs;

2° Le marchand étalagiste qui, ayant été prévenu une première fois de faire disparaître quelqu'un des ouvrages indiqués ci-dessus, n'aura point obtempéré à l'ordre qui lui aura été signifié, et continuera à tenir en évidence les mêmes ouvrages ou autres de cette nature, sera privé du droit de tenir son étalage pendant l'espace d'un an, et l'autorisation sera définitivement retirée, s'il récidive une troisième fois.

Une autre ordonnance du 19 septembre 1829 visait une question fort délicate, celle des livres vendus par des domestiques et par des enfants, et plus particulièrement par de jeunes collégiens à court d'argent. De fréquentes plaintes avaient été faites à l'autorité, d'où la mesure de dame Police dont voici la majeure partie du texte :

1° Défenses sont faites à tous bouquinistes, étalagistes de livres et autres personnes se livrant au commerce de livres dans le ressort de la préfecture de police, d'acheter aucuns livres et ouvrages de librairie des enfants de famille, des écoliers, des serviteurs et domestiques, sans un consentement exprès, et par écrit, de leurs pères, mères, tuteurs ou de leurs maîtres.

2° Défenses leur sont faites également d'en acheter d'aucunes personnes dont les noms et la demeure ne leur seraient pas parfaitement connus, à moins qu'elles ne soient certifiées par d'autres personnes domiciliées et capables d'en répondre.

3° Tous marchands bouquinistes, étalagistes de livres, et autres personnes se livrant au trafic des livres, sont tenus de retenir les livres qui leur seraient présentés en vente par des personnes inconnues et suspectes, à la charge d'en faire la remise et le dépôt, dans les vingt-quatre heures, entre les mains des commissaires de police de leurs quartiers ou du maire de leurs communes qui recevront leurs déclarations.

4° Lesdits bouquinistes et étalagistes de livres et tous marchands qui font achat de livres et d'autres ouvrages de librairie dans le ressort de la préfecture de police, seront tenus, à compter du jour de la publication de la présente ordonnance, d'ouvrir et tenir deux registres sur lesquels ils feront mention de leurs noms et qualités, et inscriront jour par jour, de suite et sans aucun blanc ni rature, leurs achats, ventes et échanges de livres avec leurs titres, ainsi que les noms, surnoms, qualités et demeures de leurs vendeurs et des répondants de ces derniers.

Cette mesure n'eut apparemment pas meilleur succès il y a soixante ans qu'elle n'en a depuis lors, car quelques années plus tard, en 1835, Alphonse Karr écrivait dans un article sur les bouquinistes inséré dans le *Nouveau tableau de Paris au* XIXe *siècle*, publié par Mme Béchet, les lignes qui suivent :

« Il y a sur les quais, sur les boulevards, auprès du Louvre et dans quelques rues retirées, plus de deux cents bouquinistes. Ce sont les fripiers de la librairie et les usuriers de l'enfance. Leur spécialité est d'acheter dans les ventes publiques ou particulières de vieux ouvrages dépareillés. C'est chez eux que l'on peut compléter les œuvres auxquelles il manque quelques volumes. Ils vendent aussi de vieilles gravures et de vieux dessins, enfouis pêle-mêle dans un vieux carton, et tous offerts au même prix indistinctement, c'est-à-dire pour 3 ou 4 sols. Quelques personnes, qui passent leur vie à feuilleter les bouquins et les cartons, prétendent y avoir rencontré parfois des dessins originaux précieux et des livres rares ; mais la fréquence de ces anecdotes, l'astuce ordinaire des vieux bouquinistes qui ne se trompent guère sur la valeur de ce qu'ils possèdent et surtout la petite satisfaction d'amour-propre que l'on peut trouver à passer pour un connaisseur habile, qui a su discerner l'œuvre d'un homme célèbre parmi un millier d'autres dessins ; ces différentes causes ont plusieurs fois élevé dans notre esprit des doutes assez bien fondés sur la véracité de semblables récits. »

Puis A. Karr passe à l'étude des bouquinistes dont le plus clair revenu provient des collèges qui font affluer chez eux les dictionnaires grecs, français, latins, que leur apportent de jeunes garçons rouges de honte et de remords, mais désireux de balles élastiques ou de *chaussons de pommes*. — A cet état de choses, ni les articles, ni les ordonnances ne feront rien ; tous les collégiens ont vendu, vendent et vendront leurs livres ; tous ont passé par là et même plus tard, à l'âge de l'École de droit ou de médecine, beaucoup ont profité des facilités de l'achat *à tempérament* pour acquérir et bazarder aussitôt de superbes publications comme *les Arts somptuaires* ou *l'Histoire du costume,* dans le seul but de se procurer les divers menus plaisirs nécessaires, si férocement condamnés par la lésinerie des parents.

Les étalagistes, vers 1830, se répandaient non seulement sur les quais, mais encore ils envahissaient la petite rue Saint-Thomas du Louvre, comme ils devaient occuper par la suite nombre de baraques de la place du Carrousel.

L'allure des passants y était alors moins active qu'aujourd'hui ; on y flânait de loisir comme à la promenade. C'était, bien qu'en ait dit Nodier, l'âge d'or des bouquinistes en plein vent ; les doctes et fructueuses recherches dans les boîtes des marchands se prolongeaient des heures entières, auprès des mardelles de la Seine ; le savant Montmerqué bouquinait en allant au Palais et le sage Laboudrie en sortant de la métropole. Nodier, Barbier, Peignot, Lacroix, Hugo même, étaient assez assidus au pays de la bouquinerie, et la vie était alors plus provinciale, plus calme et plus heureuse. — Dans ce Paris clair et gai des approches du Pont-Neuf, tout était encore prétexte à la badauderie, et, à côté des

vendeurs de livres, divers chanteurs s'établissaient pour attirer à eux les étudiants en ballade, les ouvriers et les gavroches de passage, faciles à émouvoir par quelque romance amoureuse et sentimentale dans le style de Béranger et de ses disciples.

Comment ne se serait-on pas arrêté sur ces berges pleines de livres qui donnaient parfois la fortune aux passants bibliophiles, à en croire l'enthousiasme de nos prédécesseurs? « C'est sur les quais, s'écrie Jules Janin, avec frénésie, qu'ont été rencontrés, sans tunique et sans manteau, *la Danse aux aveugles*, la *Chasse royale*, le *Discours merveilleux de la vie, Actions et Déportements de Catherine de Médicis* (1650). Pour six sous qui lui restaient, Nodier achetait le *Songe de Poliphile*, imprimé à Venise chez les Alde et ne le revendait que cent trente-cinq francs. Les quais de Paris ont été long-temps le théâtre enchanté de ces drames et ont toujours présenté un intérêt incomparable. A chacune de ces découvertes, on eût dit que la Seine elle-même accueillait cette bonne fortune de son plus doux murmure; mais aussi que de science à côté de tant de bonheur ! »

Il faut faire la part à la légende dans ces récits fabuleux de merles blancs dénichés. A la date même qui faisait l'objet des extases du bon Janin, Nodier, déjà désespéré, anathématisait les bouquinistes de 1831 en écrivant :

« Quelle pitié aujourd'hui que ces quais où l'on ne voit plus que les ineptes rogatons de cette littérature moderne, qui ne sera jamais de la littérature ancienne et dont la vie s'évapore en vingt-quatre heures comme celle des mouches du fleuve Hypanis! C'est profaner le nom de livre que de le donner à ces guenilles barbouillées de noir qui n'ont presque pas changé de destinée en quittant la hotte du chiffonnier! Les quais ne sont désormais que la Morgue des célébrités contemporaines ! »

Lequel croire, de Janin qui, en 1867, parle des merveilles de 1830, ou de Nodier qui, dès 1830, désespère des trouvailles de l'heure présente? — Tout ne serait-il qu'illusion! — Hélas! l'étude tendrait à nous en convaincre chaque jour davantage.

Depuis les ordonnances que nous venons de citer, — la dernière à la date de 1829, — les bouquinistes ne furent plus molestés par l'administration. Vers 1866 environ, il fut grandement question de les expulser des quais et de leur offrir domicile dans l'ancien marché à la volaille, dit *la Vallée*, que l'établissement des halles centrales venait de faire libre sur le quai des Grands-Augustins, là où se trouve aujourd'hui un dépôt de la Compagnie des omnibus. On y eût établi une grande halle aux bouquins, comme en certaines villes d'Allemagne, et les quais auraient été désormais exempts de tout étalage mobile. C'était du moins le rêve du baron Haussmann, mais les érudits parisiens plaidèrent auprès de Napoléon III la cause de la littérature riveraine de la Seine et les détenteurs des boîtes à cinq sols furent de nouveau sauvegardés pour longtemps.

Depuis 1880, la profession de bouquiniste est devenue libre, comme on le verra au chapitre *physiologique* concernant ces Messieurs; aussi, depuis dix ans, les quais sont absolument encombrés; il n'existe plus une seule place libre sur la rive gauche entre le Pont-Royal et le pont Notre-Dame, et déjà la rive droite possède quelques étalagistes sur ses parapets, qui jusqu'alors n'avaient point été masqués par aucune bibliothèque portative. Nous montrerons plus loin que le métier n'est pas toujours rose et que la concurrence est rude; toutefois, beaucoup le préfèrent à un service régulier de rond de cuir dans une administration bien chauffée au poêle, où la feuille de présence constitue l'essentiel certificat de travail; — nous ne saurions dire qu'ils aient vraiment tort. — Leur état est indépendant, sain et tient le milieu entre la vie des villes et celle des champs, d'où viennent la plupart de ces braves gens ; puis l'espérance luit à l'horizon, car si pour quelques anciens libraires *impécunieux* l'étalage est le dernier échelon du commerce des livres, pour bien des Normands avisés le parapet des quais est le piédestal de la boutique superbement achalandée. — Comme le disait un regretté bibliophile, beaucoup de libraires sont partis de là, beaucoup aussi en sont arrivés là.

Et c'est une cause permanente de philosophie pour ces aimables et sages péripatéticiens.

LES ÉTALAGISTES DISPARUS

Quelques types et portraits

LES ÉTALAGISTES DISPARUS

QUELQUES TYPES ET PORTRAITS

Sur la seule vue de ce titre, qu'on ne s'attende pas à des résurrections impossibles. — Nous n'avons pas trouvé, hélas! ni même cherché à découvrir la vallée de Josaphat des Bouquinistes de la première heure, et personne ne s'est avisé de nous convier à la moindre répétition, même sans costumes, de cette scène, très spéciale, de la grande apothéose du Jugement dernier.

C'est pourquoi, même en ce temps où les familiarités avec le monde invisible franchissent toutes les bornes de la discrétion et du respect, nous n'évoquerons point les mânes de ces étalagistes des siècles passés, dont les livres, serrés sur les quais depuis la rue Gît-le-Cœur jusqu'à la rue de Seine, ont fourni naguère tant de trouvailles à Naudé, le « grand romancier » du cardinal Mazarin. — Nous n'essayerons pas davantage d'*interviewer* outre-tombe, avec un appareil à « instantanés » dans le fond de notre chapeau, les ombres de ces vieux *strugglers* du livre qui, après avoir conquis successivement les quais de la rive gauche, envahirent un moment tout le Pont-Neuf, laissant à leur postérité bouquinière des droits désormais inébranlablement assis sur le granit immatriculé des parapets séquanais.

La « Grande Revue nocturne des Bouquinistes » serait à faire et le sujet pourrait nous séduire, mais dans cet ouvrage il serait trop long et surtout risquerait d'y être déplacé.

Si les esprits légers des Bouquinistes d'il y a cent ans et plus sont aujourd'hui errants, nous aurions des remords de les faire entrer dans le pied d'une table ou dans une planchette à crayon pour les forcer à dicter ou à écrire leurs mémoires ; s'ils flottent toujours dans l'ambiance des lieux où ils vécurent, achetèrent et vendirent autrefois, ils doivent sentir quelque plaisir à voir combien s'est étendue, au delà des vieilles limites, la file des superbes boîtes de leurs successeurs.

Depuis l'Édit de 1649, le Pont-Neuf, il est vrai, n'a pas été repris, sauf, comme nous l'avons dit, sous la

Révolution. Mais toute la ligne des quais est aujourd'hui occupée, depuis le pont Notre-Dame jusqu'au Pont-Royal; une amorce importante au delà de ce pont, sur le quai d'Orsay, est même en voie de se prolonger. La rive  droite est attaquée; des taches sporadiques, chaque année grossissantes, s'y remarquent, à intervalles irréguliers, des Tuileries à l'Arsenal. — Les parapets appartiennent définitivement au bouquin; et celui-ci, pour bien affirmer l'universalité de sa conquête, est allé s'installer d'un bond, à travers l'Esplanade des Invalides, jusque sur le petit parapet du fossé derrière lequel d'inoffensifs canons de bronze font mine de défendre le dôme doré où s'abritent les collègues, diversement avariés, du héros légendaire

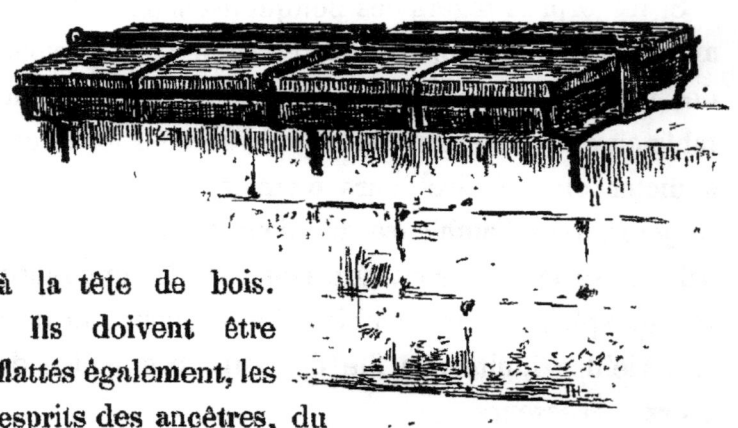

à la tête de bois.

Ils doivent être flattés également, les esprits des ancêtres, du confortable et de la solidité des nouvelles installations. Peut-être, toutefois, traiteraient-ils leurs successeurs d'*aristós*, de feignants et de sybarites, à la vue de leurs étalages à demeure. De belles boîtes doublées de zinc, avec couvercles se redressant et formant auvent, sont assujetties, chaque soir, à des barres de fer qui se rattachent à des crampons scellés dans le granit. Les déménagements et réaménagements quotidiens, les dépenses d'argent et de force musculaire qu'exigeait la charrette à bras, que l'on chargeait, traînait et déchargeait en famille deux fois par jour, matin et soir, sont en grande partie sup- primés. Les livres, moins froissés et ballottés, s'usent moins, conservent plus longtemps leur prix  et peuvent mieux en quelque sorte attendre l'ama- teur. — Deux ou trois lampes électriques intelligem- ment disposées permettraient au brocanteur de vieux livres de tenir ouvert pendant la nuit son magasin en plein vent. Il en est, parmi les esprits novateurs — on les compte — de la corporation, qui y ont déjà pensé; demandez plutôt à M. Jacques, le bou- quiniste du quai Conti. Et ne serait-ce pas chose déli- cieuse et charmante, le soir, en été, de neuf heures à minuit, qu'une promenade sur les quais dans ces conditions? Nous y voyons, à vrai dire, un gros obstacle, qui ne viendrait ni des règlements de police, ni des difficultés d'agencement, mais de l'insouciance, de l'apathie, sinon de la paresse, des marchands.

Passez sur les quais un dimanche : à peine y a-t-il un étalage d'ouvert sur vingt. Ce ne sont pas, d'ailleurs, les raisons — j'entends les bonnes — qui manquent : observance dominicale, repos bien gagné, partie de campagne peu coûteuse, mais hygiénique et exhilarante, avec la femme et les enfants, raréfaction de la clientèle, qui ne fréquente pas les quais ce jour-là. — Nous n'avons, certes, rien à dire là contre : principes religieux et précautions sanitaires ont droit à tous nos respects. Mais enfin on ne ferme pas boutique lorsqu'on tient à vendre, et la douzaine d'obstinés bouquinistes hérétiques, qui offrent leur marchandise aux bouquineurs le dimanche comme les autres jours, n'ont pas à se plaindre, croyons-nous, des clients, si raréfiés et si différents qu'il soient.

Que de gens d'étude, en effet, à tous les degrés de la science et de l'érudition, habitants de cette rive gauche qui est comme le plexus intellectuel de Paris, consacreraient volontiers quelques heures du dimanche, sur les quais, à une flânerie attrayante et utile, dont leurs occupations universitaires ou autres les privent le reste du temps ! La plupart s'en abstiennent, peu désireux de passer la revue des couvercles sous lesquels se cachent précisément les livres qu'ils voudraient consulter ce jour-là.

C'est une déception vraiment pénible, et qu'on ne saurait s'infliger en vain plusieurs fois successivement de gaieté de cœur.

Et pourtant le fait de bouquiner sur les quais

expose à bien des désillusions, même les jours ouvriers. Le danger est moindre, sans doute, que le dimanche ; mais il existe, et, à son grand dépit, tout pourchasseur de bouquins est bien obligé de le constater amèrement.

La journée, pour les plus matineux des étalagistes, ne commence, j'en appelle à tous les bouquineurs tôt levés, pas avant neuf heures. — On voit seulement alors quelques boîtes s'ouvrir, de loin en loin, lentement, comme à regret. Les marchands, qui n'ont pas encore profité de la faculté d'établir leur étalage à demeure, arrivent  attelés entre les brancards d'une petite charrette plus ou moins lourdement chargée. Ils alignent leurs casiers, avec un flegme étonnant et sans hâte ; puis, les laissant là dûment ficelés ou cadenassés, ils remmènent leur charrette vide ; mais, pour éviter de se déranger deux fois, par pur désir d'épargner le temps, ils ne reviendront pas avant d'avoir déjeuné. — Ils s'échelonnent ainsi, les uns venant, les autres allant, de dix heures du matin à une heure de l'après-midi. Vers cette heure-là tout est ouvert, ou à peu près ; mais il s'en faut, croyez-le, que chaque étalage soit pourvu de son étalagiste. La plupart sont absents : l'un est en affaire, l'autre fait une course, un troisième est à boire un coup en parlant politique sur le zinc du *troquet* d'en face. Souvent un étalagiste possède la garde de deux ou trois étalages ; s'il y a acheteur en même temps aux trois, comment fera-t-il pour répondre à tous ?

D'ailleurs, ce n'est qu'à propos de ses livres à lui qu'il peut donner les renseignements ou consentir les rabais que le client demande ; pour ceux des camarades voisins, il ne peut faire mieux que les livrer au prix marqué, sans s'y intéresser et sans chercher à y intéresser l'amateur.

A qui de nous, je vous le demande, n'est-il pas arrivé de prendre un livre dans une boîte, et, l'ayant trouvé bon à acheter, de sonder des yeux l'horizon, à droite, à gauche et derrière, de pousser de vigoureux : Pst ! pst ! pst !... à la cantonade, de crier : Où est donc le marchand ? — sans que personne apparaisse ou réponde ?

Quand le prix est indiqué sur la boîte et que l'envie du livre nous tient trop fort, on se risque à faire comme au kiosque de journaux, lorsque la marchande est absente : on prend le volume, on en met le prix dans la boîte, et on s'en va. Tant pis si un trouveur de ce qui n'est pas perdu passe par là et donne aux sous, laissés à l'air, l'abri plus rationnel de sa poche. Mais si le livre est parmi ceux qu'on étiquette « prix divers », que faire, sinon de le réintégrer dans son trou et de s'éloigner en pestant contre ces flâneurs absents de leur point d'attache ?

Quant au marchand, il est lui-même victime, car il perd du coup une de ses meilleures chances de gain.

Les défauts des étalagistes — nous ne serions pas leur véritable ami si nous craignions de les leur dénoncer — sont, après tout, véniels, et marqués au coin d'une sorte de philosophie narquoise et supérieure qu'il serait assez amusant d'analyser. Peut-être aurons-nous l'occasion de le faire ailleurs. — En tout cas, leur nonchalance a de vigoureux soubresauts, dès qu'on touche à leurs droits ou à ce que nous ne craindrons pas d'appeler leur institution.

On a vu que ce n'est pas sans péripéties et sans luttes qu'ils sont parvenus à avoir la tranquille jouissance des parapets du vieux Paris, à s'y faire des places fixes, à s'y incruster immuablement comme certains coquillages dans le roc.

L'époque n'est pas encore loin de nous, où ils faillirent être purement et simplement « Haussmannisés », c'est-à-dire balayés comme de vieilles échoppes par l'administration préfectorale.

Le Baron — à qui les ouvriers du bâtiment sont impardonnables de n'avoir pas encore élevé une statue en moellons, lattes et plâtres — éprouvait le besoin de nettoyer les quais. Tant d'excroissances irrégulières et bizarres choquaient son sens esthétique. Ce long mur bas lui eût semblé bien plus beau, bien plus noble, bien plus rectiligne, débarrassé de ses parasites, lessivé de potasse et frotté de pierre ponce. Il rêvait les quais de Paris propres, nets et corrects, et pour donner la réalisation de cet idéal aux longues assises de pierre, il suffisait, pensait-il, d'en chasser les bouquinistes : une Ordonnance, et ça ne devait pas traîner.

Ça traîna cependant ; et, pour cette fois, le grand Préfet ne put ni expulser, ni même exproprier. Le cri d'alarme des braves gens menacés trouva de l'écho. — On sait le rôle de sauveur que joua en cette occasion leur fidèle ami, le bon, savant, spirituel et regretté Bibliophile Jacob. Il alla jusqu'à l'Empereur et sut si bien manier le côté humanitaire de cet ancien extincteur du paupérisme qu'il lui fit prendre les Bouquinistes sous sa protection. — Le Monarque ne dédaigna pas même de rendre visite à ses protégés, avec le Bibliophile pour guide. — Le cher Paul Lacroix aimait encore vers 1880, dans les dernières soirées de l'Arsenal, nous conter par le menu son rôle actif en cette affaire ; c'était plaisir de l'entendre narrer.

C'est en ce jour, mémorable entre tous, puisqu'une question de vie ou de mort pour les Bouquinistes y fut tranchée souverainement en leur faveur, qu'un d'entre eux, fort connu déjà, trouva le moyen, assurément sans le chercher et dans la pure innocence de son âme, de s'illustrer à jamais.

Au moment où l'empereur passait, au cours de sa visite, sur le quai Malaquais, en face la rue des Saints-Pères, il vit un vieil homme, qui se chauffait frileusement à un feu de papiers, sur un réchaud. De temps en temps, il prenait un volume d'une pile de livres, à côté de lui, et en déchirait une poignée de feuillets pour alimenter son brasier; l'Empereur s'approcha et voulut savoir avec intérêt quel ouvrage avait assez peu de valeur pour être ainsi jugé par le marchand lui-même comme bon à servir de combustible. Le père Foy — qui aujourd'hui ne le connaît encore de réputation? — tendit tranquillement le volume au souverain, et Napoléon III lut avec stupéfaction

au haut des pages, en titre courant, ces mots triomphants : Conquêtes et victoires des Français.

Que se passa-t-il dans l'âme troublée du terrible rêveur couronné lorsqu'il vit ce livre, spécialement écrit pour allumer et entretenir la flamme dans les cœurs, servant à apporter un peu de chaleur au corps caduc d'un vieillard bouquiniste?

Peut-être ne se passa-t-il rien : le pâle sourire des puissants a maintes fois — heureusement pour eux — couvert leur inintelligence de l'ironie éternelle et amusante des choses.

Que la fantaisie distraite d'un Empereur l'ait ou non remarqué, le père Foy fut un type qui mérite de nous arrêter un instant.

Aussi bien ne remonterons-nous pas plus haut dans ce travail de restauration de silhouettes, voulant ici n'accepter des documents écrits ou gravés qu'autant qu'ils s'appuient sur la tradition orale et les souvenirs vivants. — Certes, il nous plairait de fouiller le passé et de parler des vieux types disparus, de ceux du premier Empire et de la Restauration. Un portrait détaillé et minutieux du père Achaintre, l'érudit légendaire dont les éditions furent appréciées des Latinistes et des Hellénistes, serait évidemment propre à nous séduire, et comme ce brave homme a passablement excité la verve des anciens bibliographes, l'étude en serait facile. Mais cela ne nous entraînerait-il pas bien au delà de notre sujet déjà si vaste? Pouvons-nous davantage parler de Lesné, qui fut si célèbre sur les quais vers 1840, ou même faire allusion à des oubliés, qui, comme Durand, étalagiste établi à côté du café d'Orsay, sur l'emplacement même de l'immeuble des Dépôts et consignations, parvint à se faire dans le bouquin — ô rareté! — plus de 6,000 livres de rentes, honnêtement gagnées.

Cette excursion trop rétrospective et, par conséquent, trop minutieuse, ne saurait en outre être pratique ici; c'est pourquoi, par respect pour l'harmonie de ce livre, nous n'accorderons notre attention qu'aux prédécesseurs directs des étalagistes contemporains.

Parlons d'abord du père Foy. Le père Foy n'était point bouquiniste d'origine ; on ne naît pas bouquiniste, on le devient le plus souvent. Un passé légendaire et respectable l'entourait. Il était un de ceux qui avaient le plus contribué à faire prendre au vaudeville — ce genre si français! — son glorieux essor. Son nom n'avait pas été livré au public, sans doute ; mais qui ne sait, dans le monde des *ratés*, que chaque chef-d'œuvre de la scène cache quelque collaborateur ignoré? — Ah! si Scribe voulait tout dire! que ne doit-il pas au père Foy!

Tel était le langage des enthousiastes. D'autres, moins gobeurs ou mieux informés, ne niaient point l'influence exercée par le père Foy sur l'art dramatique en France ; mais ils en limitaient la sphère d'action aux sièges des « Romains », c'est-à-dire au parterre de la Comédie, où le père Foy avait été pendant longtemps un chef de claque des plus autorisés.

Quelle aventure avait bien pu l'arracher de son banc de théâtre et le jeter sur le quai? — Peut-être la passion des affaires, l'ambition de faire du commerce ; aucune raison malhonnête ou inavouable, à coup sûr, puisqu'il eut tout d'abord pour clientèle le monde des théâtres, les artistes et les auteurs.

— Les transactions, on le croira sans peine, consistaient surtout en paroles ; bien rarement s'effectuait l'échange d'un livre contre sa valeur représentative en monnaie. Ces fréquentations artistiques et littéraires, dont il aimait à se vanter, suffisaient à le mettre en relief parmi ses collègues du bouquin, mais ne lui rapportaient pas de grosses journées. Aussi l'incendie qui dévora la plus grande partie du stock de livres qu'il entassait dans sa pauvre remise de la rue Mazarine fut-il pour lui un véritable coup de fortune. — Ce feu du ciel lui rapporta quinze mille francs, argent comptant, payé par sa compagnie d'assurances. Ce fut pour lui le trésor de Golconde, le gros lot de la vie.

Dès lors le père Foy ne fit plus rien : il ne renouvela plus ses livres; il ne changea plus de vêtements; il laissa ses pieds dépasser ses chaussettes; il n'eut plus de chemise que ce qu'il faut strictement en avoir pour porter un col. La Providence lui avait indiqué la destination de ses livres : de ceux qu'elle lui avait laissés, il fit tour à tour des bûches et des cottrets. Ce fut, jusqu'à la fin de sa vie, son bois de cuisine et de chauffage. Cependant il continuait à venir au quai étaler ses boîtes, de plus en plus dégarnies, à mesure que lui-même devenait plus loqueteux, toujours fier, d'ailleurs, dans ses haillons, qu'il ne permettait pas qu'on raccommodât.

« Qui peut acheter de pareilles horreurs? » s'écria un jour une dame en passant, au bras de son mari, devant les volumes déchirés, recroquevillés, graisseux et poussiéreux, qui gisaient encore, lamentablement épars, à l'étalage du bonhomme. Piqué au vif, il se leva, et, avec un geste à la Frédérick-Lemaître, il répondit: « Ce sont des savants, madame! » — La vérité est que les pauvres bouquins que le sort préserva du feu valaient à peine d'être mis au pilon.

Un sujet digne d'une épopée héroï-comique, s'il y avait encore un poète pour la faire, serait la lutte homérique, par la faconde, sinon par les coups, que soutinrent pendant plusieurs années trois étalagistes rivaux. Chacun des trois se prétendait le doyen de la corporation. Il semble que le différend dut être aisément tranché, sur la seule vue des actes de naissance des prétendants. Mais il faut, pour être simpliste, l'extrême science ou l'extrême naïveté, et nos bouquinistes n'avaient de l'une et de l'autre qu'une dose fort médiocre ; aussi la subtilité tissait-elle sa toile ténue dans tous les coins de leur caveau.

L'un, le père Roscz, disait, non sans apparence logique : « Je suis le plus vieux, donc je suis de doyen. — Sans doute, lui disaient les autres ; mais cependant vous êtes relativement jeune parmi nous ! » Et, de fait, lorsqu'il mourut, à l'âge de quatre-vingt-trois ans, tout comme le poète Tennyson, il n'avait que vingt années de pratique sur le quai.

Son entrée tardive dans la bouquinerie avait eu pour cause des scènes de ménage, chaque jour renouvelées. Sa femme, qui gérait une papeterie rue des Saints-Pères, n'aimait point à lui donner d'argent de poche pour son tabac. De là des querelles, que l'humeur grincheuse du bonhomme multipliait à tout propos. Bref, il résolut de gagner son tabac lui-même, et il apporta, à un endroit libre du quai Voltaire, quatre boîtes — ni plus ni moins — pleines de livres sales et sans valeur, d'où émergeaient des *Abécédaires* et des *Oracles des Dames*. La vente de ces deux ouvrages assurait sa recette quotidienne, qui dépassa rarement quarante centimes. Il n'en portait pas moins très haut sa dignité d'étalagiste, et il ne la laissait offenser ni par le public ni par ses collègues. Il s'était, pour ses quatre boîtes, arrogé plusieurs mètres du quai, et si le voisin de droite ou de gauche, encombré de marchandises, empiétait de quelques lignes sur les limites qu'il s'octroyait, c'étaient de beaux cris. Il fallait le voir procéder au travail de déblaiement, bousculant les livres usurpateurs et les entassant hors frontière; puis il rapprochait ses quatre boîtes, et, pour mieux affirmer son droit, laissait vide tout l'espace qu'il venait de reconquérir.

Le second prétendant à la doyenneté se réclamait aussi de son âge. Plus vieux ou plus jeune que Rosez, — la question ne fut jamais bien élucidée, je crois, — le père Malorey, Normand des environs de Coutances, était dans sa quatre-vingt-deuxième année lorsqu'il mourut, en janvier 1890. — Il était, du moins, enfant de la balle, ayant débuté, dès 1825, chez Mme Joly, sa compatriote, qui vendait de la musique et des gravures dans une boutique, sous les arcades, non démolies encore, de l'Institut. Tout le monde a pu le voir à son étalage du quai Conti, au coin du pont des Arts, qu'il a occupé pendant soixante-deux ans.

Il avait souvent des livres intéressants; mais il en savait le prix et s'y tenait ferme. D'une probité rigide, il a plus d'une fois bien mérité des bibliothèques publiques en leur rendant des livres dérobés que les hasards de la vente faisaient tomber entre ses mains. Il montrait avec orgueil une lettre de M. Léopold Delisle, le remerciant, en son nom et au nom de ses collègues, pour un service de ce genre. Il aurait pu être plus fier encore, semble-t-il, du témoignage qu'il porta devant les tribunaux en faveur d'un garçon de l'Institut accusé de vols à la bibliothèque Mazarine. Sauver un innocent, disait le papa Malorey, vaut encore mieux que de réparer la faute d'un coupable.

Connu et estimé de tout le monde des libraires, des bibliophiles, des érudits et des savants, qui trouvaient des livres à son étalage et des renseignements dans sa conversation, le père Malorey avait vu son nom jeté au grand public par M. Tony Révillon, dans un article de la *Petite Presse* (1er septembre 1868), à propos de la conduite généreuse qu'il tint envers son frère ruiné, dont il racheta les biens. Une brochure, publiée à sa mort par M. Victor Advielle, sous ce titre: *Notice sur M. Malorey, doyen des bouquinistes français* (imp. E. Watelet, 1890, in-8°, 5 p.), donne tous ces détails et quelques autres également curieux.

Que de fois n'avons-nous pas, par quelque journée ensoleillée, causé durant près d'une heure avec ce brave homme, dont le jugement, le bon sens, la clairvoyance sur toutes les choses du bouquin valaient d'être consultés et dont la mimique était fort amusante à suivre pendant ses digressions !

Rosez voulait être le doyen des bouquinistes parce qu'il était le plus âgé. Malorey lui contestait cet avantage, ajoutant que c'était l'ancienneté dans le métier, et un peu dans la vie, qui conférait le droit à ce titre, et qu'il était au quai plus de quarante ans avant que Rosez y eût paru pour la première fois. Un troisième, « Monsieur Debas », comme il se nommait lui-même avec respect, était un peu plus jeune que les deux autres ; mais il avait établi son étalage un an avant que Malorey eût créé le sien, et, adoptant le raisonnement de celui-ci sur le privilège de l'ancienneté, il revendiquait pour lui seul et opiniâtrément le glorieux titre de doyen des Bouquinistes.

Dans une de ses causeries au *Temps*, à propos de la réception de Leconte de Lisle à l'Académie, M. Anatole France lui-même, enfant des quais et fils de libraire, essaya, au sortir de la séance de cet Institut dont il fera bientôt partie, un charmant crayon du père Debas, alors devenu très vieux et « tout petit » avec l'âge (3 avril 1887).

« Chaque année sa taille diminue, et son pauvre étalage se fait aussi plus mince et plus léger chaque année. Si la mort oublie quelque temps encore mon vieil ami, un coup de vent l'emportera un jour avec les derniers feuillets de ses bouquins et les grains d'avoine que les chevaux de la station, paissant à son côté, laissent échapper de leur musette grise. En attendant, il est presque heureux. S'il est pauvre, c'est sans y penser. Il ne vend pas ses livres, mais il les lit. Il est artiste et philosophe.

« Quand il fait beau, il goûte la douceur de vivre en plein air. Il s'installe sur l'extrémité d'un banc avec un pot de colle et un pinceau, et, tout en réparant ses bouquins disloqués, il médite sur l'immortalité de l'âme. Il s'intéresse à la politique et ne manque guère, s'il rencontre un client sûr, de lui faire la critique du régime actuel. Il est aristocrate et même oligarque. L'habitude de voir devant lui, de l'autre côté de la Seine, le palais des Tuileries, lui a inculqué une sorte de familiarité à l'égard des souverains. Sous l'empire, il jugeait Napoléon III avec la sévérité d'un voisin à qui rien n'échappe. Maintenant encore, il explique par la conduite du gouvernement les vicissitudes de son commerce. Je ne me dissimule pas que mon vieil ami est un peu frondeur.

« Il m'aborde et me dit, en homme qui a lu son journal du matin :

« — Vous venez de l'Académie. Ces jeunes gens « ont-ils bien parlé de M. Hugo ? »

« Puis, clignant de l'œil, il me coule ce mot à l'oreille : — Un peu démagogue, M. Hugo ! »

M. Debas — on ne s'en étonnera pas — faisait son stock de livres à son image. Les romanciers modernes en étaient proscrits ; aussi bien ne tenait-il guère à un livre imprimé depuis moins de cent ans.

Mais si un acheteur sympathique, un prêtre surtout, — la clientèle de « ces messieurs prêtres » était son honneur et sa joie, — le consultait sur un volume du grand siècle, le bonhomme sortait alors toute son érudition et finissait toujours par appliquer son véhément enthousiasme pour le passé au dénigrement féroce du temps présent.

Un événement avait profondément marqué dans la vie de l'excellent homme. Il avait été, à une session d'assises, porté sur la liste des jurés. Il ne se lassait pas de raconter ce fait mémorable, se retrouvant, chaque fois

qu'il répétait son récit, dans le même état d'âme où des circonstances si invraisemblables l'avaient plongé. Un de ses jeunes confrères l'a maintes fois entendu narrer son histoire ; il a pu un jour nous la reproduire de mémoire, et je crois qu'en dépit de sa longueur, aucun artifice de rédaction ne vaudrait ce rabâchage sincère et naïf. Il suffisait de lui poser la question :

« N'avez-vous pas été juré, monsieur Debas? » pour qu'immédiatement, comme l'eau d'un bassin dont on a levé la bonde, s'écoulât sa verve intarissable sur ce sujet :

« Oui, monsieur, c'était en 1872. J'habitais alors l'hôtel du prince de Chimay, vis-à-vis mon étalage; j'ai habité dix-huit ans l'hôtel du prince de Chimay, qui m'aimait bien, monsieur. — Je vivais là avec ma pauvre femme; elle est morte, monsieur. Nous avons été vingt-huit ans mariés! Vous comprenez, je ne pouvais plus habiter cette chambre : le soir, quand je rentrais, je voyais ma pauvre défunte dans tous les coins. Vingt-huit ans mariés, monsieur! — Ah! c'est bien triste d'être seul, allez!...

— Et le jury, monsieur Debas? — Ah! oui, le jury; c'était en 1872, monsieur. Un jour, on sonne à ma porte; j'ouvre et je vois un gendarme : — M. Debas, s'il vous plaît? — C'est moi, monsieur. — Eh bien, monsieur Debas, voilà une invitation pour les assises; vous êtes juré. — Oh! monsieur, il doit y avoir une erreur. Je ne suis pas libraire, je ne suis que bouquiniste, et jamais un bouquiniste n'a fait partie du jury. — Enfin, vous êtes bien monsieur Louis-Jean

Debas? — Oui, monsieur. — Vous êtes *bien* né le 9 avril 1812? — Oui, monsieur. — *Eh bien*, cette invitation est pour vous.

« J'étais bien contrarié, monsieur, car je ne suis pas riche, il faut que je gagne *tous les jours mon pain quotidien*, et je ne pouvais mettre ma pauvre femme souffrante à l'étalage. Je tâchai de connaître le nom du président des assises. C'était un M. de Lafaulotte, précisément un de mes clients. Alors je vais chez lui, je sonne, on m'ouvre et je demande : — M. de Lafaulotte, s'il vous plaît? — C'est ici, monsieur. — Pourrais-je lui parler? — Oui, monsieur ; si vous voulez entrer.

« On me fit entrer dans un cabinet, et là je vis M. de Lafaulotte, que je connaissais bien. J'ôte mon chapeau, je m'avance et je dis : « Bonjour, monsieur, vous ne me connaissez pas ; mais, moi, je vous connais bien ; je suis M. Debas ; je vends des livres vis-à-vis l'hôtel du prince de Chimay et j'ai eu l'honneur de vous en vendre quelquefois. — Ah! très bien! très bien! je vous reconnais. Eh bien! qu'est-ce que vous désirez, mon brave? — Monsieur, j'ai reçu une invitation pour les assises ; je suis du jury ; mais, monsieur, je ne suis pas libraire, je ne suis qu'un simple bouquiniste, et jamais un bouquiniste n'a fait partie du jury ; et puis, je ne suis pas riche ; il me faut gagner tous les jours *mon pain quotidien*, et cela me portera un grand préjudice de m'absenter de mon étalage, parce que je ne puis y mettre ma pauvre femme, qui est souffrante; alors je viens voir s'il n'y aurait pas moyen de me faire rayer de la liste du jury. — Alors M. de Lafaulotte me dit : — Écoutez, mon bon ami, cela vous coûterait beaucoup de démarches pour vous faire rayer, plus de temps que pour siéger; venez donc et, quand je pourrai, je vous ferai récuser. — Vous êtes bien honnête, monsieur. Bonjour, monsieur. — Bonjour, mon ami.

« Et, en effet, je suis allé aux assises. Mais le premier jour, après qu'on eut appelé tous les noms, M. de Lafaulotte dit : — Je récuse M. Debas, je récuse M. Debas. — Alors je m'avançai vers le procureur *royal!...* — De la république, monsieur Debas. — Ah! oui, oui... Je m'avançai vers le procureur royal, et je lui dis : — Pardon, monsieur le procureur, M. le président a dit : je récuse M. Debas; est-ce que je suis libre? — Oui, mon bon ami, vous êtes libre; mais il faudra revenir demain matin.

« Je revins le lendemain, et pendant quinze jours. Mais je n'ai siégé que trois ou quatre fois, et puis j'ai eu la chance qu'il y avait deux dimanches dans cette quinzaine!

« — Avez-vous vu plaider quelque cause intéressante? — Oui, monsieur; j'ai entendu plaider M⁰ Lachaud dans une affaire de viol. Oh! il avait un bien grand talent, M. Lachaud! il nous disait à propos de son client : « Mais, messieurs, on dit qu'il l'a violée, qu'il l'a violée; elle n'avait qu'à serrer les cuisses, la malheureuse! il ne l'aurait pas violée! »

Et le brave papa Debas continuait à bavarder ainsi sans trêve, avec minutie, n'omettant aucun détail, mais toujours drôle et pittoresque.

Chassé de l'hôtel de Chimay par l'ombre de sa « défunte », le père Debas avait trouvé refuge dans un rez-de-chaussée de la rue Furstemberg. Il y mourut pendant le rigoureux hiver de 1890-1891. Il était étalagiste depuis 1832, tandis que son rival Malorey ne s'était établi qu'en 1833, en profitant de son expérience et de ses conseils.

L'hôtel de Chimay abritait un autre original, d'espèce moins aimable. C'était un gros homme, court, aux favoris rouges grisonnants, aux allures de maquignon, qui répondait au nom de M. Maynard. Ses confrères le nommaient le baron Maynard, car ses relations avec les députés de la droite auxquels il fournissait des documents lui avaient donné une sorte de morgue de noblesse très amusante. Il étalait sur la façade même de l'hôtel et, assis sur un tabouret recouvert d'une vague tapisserie, il montrait un beau mépris pour les étalagistes du parapet. — Des bouquinistes! fi donc! Il était, lui, libraire, et rabrouait vertement qui s'y méprenait. Sa spécialité professionnelle était cantonnée dans les rapports officiels, qu'il empilait dans le renfoncement d'une des fenêtres grillées de l'hôtel de Chimay ou qu'il suspendait à des ficelles. Les statistiques, les travaux parlementaires, les *Livres jaunes,* les discours, toute la paperasserie des Chambres se rencontraient à son étalage. Sa spécialité morale était la médisance et l'envie. Connaître une personne, c'était, pour Maynard, connaître un vice, à tout le moins. Il ne parlait guère de quelqu'un sans raconter de lui quelque trait relevant de la cour d'assises. La société n'était composée que de chenapans et de bandits, et lui, Maynard, libraire-étalagiste, impassiblement, les jugeait.

Le type, d'ailleurs, est loin d'être unique. Ce n'est pas seulement en espalier, contre les façades des vieux hôtels, qu'il pousse. Il a ses représentants dans toutes les professions et dans toutes les conditions sociales ; mais, pour s'en tenir aux marchands de livres, qui seuls nous occupent ici, nous connaissons tel et tel libraire, en bonne boutique achalandée, publiant catalogues mensuels et mettant des réclames au *Journal de la Librairie,* qui pensent et parlent comme le sieur Maynard. A les entendre, ils n'ont jamais été en rapport qu'avec des aigrefins ou des bandits : celui-ci vit, non point de ses écrits, mais du jeu ; il fait sauter la coupe et empoche sa « matérielle », quotidiennement ; celui-là fait des dupes, escroque et croque ; un troisième a posé pour Bel-Ami ; un autre est incestueux, un autre pédéraste ; tous ont quelque cadavre caché dans leur armoire ;

mais le malin libraire a la clef de toutes les chambres de Barbe-Bleue, et, le bras arrondi et la bouche en cul de poule, il en détaille les horreurs au client qui entre, en les mettant sur le dos du client qui sort. Et, même en sachant que, les talons à peine tournés, votre réputation sera déchirée comme une charogne par un corbeau, on écoute avec une complaisance reconnaissante calomnier le camarade ou le prochain, et l'on sourit au calomniateur, lequel, profitant de l'occasion, vous fait, entre deux gorgées de venin, conclure une affaire qui le paye largement du poison qu'il vous a fait boire dans son assommoir.

Le « baron Maynard », expulsé de l'hôtel de Chimay par l'agrandissement de l'École des beaux-arts, essaya de vendre son fonds 5,000 francs ; mais il n'y parvint pas et, dépossédé de son poste, il mourut dans l'ennui des oisifs, vers 1888.

Si vous fréquentez les quais depuis une vingtaine d'années, il a dû vous arriver de vous arrêter un instant à un étalage où les vieilles partitions alternaient avec les vieux livres, à l'angle du pont des Saints-Pères et du quai Voltaire. Si quelque chose y a tenté votre curiosité, si vous avez pris et remis dans leur casier quelques romans ou quelques opéras, vous avez vu surgir à vos côtés le marchand, l'air rébarbatif et la voix rogue, qui vous a dit : « On ne touche pas! » C'était Charlier, vieux garçon bizarre et quinteux, qui « défendait sa pro-pri-étté »! Fréquemment, le passant regimbait. C'étaient alors des disputes homériques. Un jour, un amateur, à bout d'invectives, l'appelle « marchand ambulant ». Charlier, se trouvant diffamé, voulait l'emmener chez le commissaire. Ses excentricités avaient d'autant moins de frein, qu'il redoutait peu d'éloigner

la clientèle, vis-à-vis de laquelle ses six mille francs de rente lui permettaient l'insouciance et le dédain. Charlier est resté célèbre sur le quai Voltaire.

Faisant pendant au père Malorey, à l'autre coin du pont des Arts, se tenait le vieux Lécrivain, sale, bourgeonné, purulent, hideux. Les tord-boyaux divers dont il se corrodait le gosier depuis des années lui avaient laissé, en guise de voix, une sorte de sifflement empesté. Son haleine eût suffi à griser un Auvergnat. Mais il était Normand, lui aussi, et, quand sa raison était déjà noyée, son astuce surnageait encore. Il connaissait les livres et, d'un coup d'œil sûr, pesait le désir de l'acheteur. Il baissait ou haussait ses prix suivant cette évaluation. C'était un tarif psychologique qu'il appliquait admirablement, avant quatre heures. Mais alors l'ivrogne l'emportait toutefois sur le marchand, et le fameux Lécrivain faiblissait devant le client qui savait le prendre. Il laissait aller à moitié prix le volume convoité et y ajoutait encore l'escompte d'un regard attendri et d'un remerciement fleurant l'absinthe.

Dans le genre pochard, il faut encore citer le père Isnard, surnommé « Trompe-la-Mort » ou « le Tonkinois ». Couvert de loques repoussantes, exhalant une odeur fétide, sale à faire peur, il excitait à la fois le dégoût et la pitié des passants, et plus d'un lui acheta un bouquin sans aucune valeur pour avoir l'occasion de lui faire la charité de cinquante centimes.  Il sortait les doigts de son nez pour tendre la main, puis, tournant le dos, reprenait le curage de ses fosses nasales. Quand on avait le courage de remuer un peu ce paquet de pourriture physique et morale, il en sortait des récits d'aventures et de débauches qu'il contait avec une complaisance cynique. Isnard avait parcouru l'Europe et l'Amérique, ici commis-voyageur, là bazardier, ailleurs perruquier, partout viveur et canaille. Dans son désordre, il avait su gagner de l'argent, et, vers la quarantaine, sa santé s'étant subitement effondrée sous un dernier assaut de libertinage, il devint subitement d'une avarice sordide. Il vécut de pain et d'ail, cessa tout soin de propreté, ne fut plus qu'un amas mouvant de haillons vermineux, et son âme crapuleuse eut un digne habitat.

Le vrai pauvre, sur les quais, était à cette époque M. Formage, ancien éditeur de musique tombé dans la misère noire. C'était ce qui lui était resté de son fonds de magasin qu'il exposait en vente, sans jamais l'avoir ni renouvelé ni accru. Le soir, il rapportait sa vieille musique dans un coin de remise, où des gens charitables lui donnaient asile ; il l'étendait en litière et couchait dessus. Quelle que fût sa détresse, lors même qu'il manquait des quatre sous dont il lui fallait payer chaque matin la location de sa petite charrette, jamais M. Formage ne passa un jour sans acheter *le Figaro*. Sa première recette, n'en fît-il qu'une et ne fût-elle que de trois sous, était consacrée à cet achat. Il pouvait se passer de manger, mais non point de lire son journal. Cette fidélité touchante était, je suppose, ignorée rue Drouot ; sans quoi il n'est pas douteux qu'on n'eût aidé complaisamment un si obstiné lecteur à se tirer d'affaires ; tout au moins lui eût-on fait le service. Quoi qu'il en soit, et sans rien préjuger, de bienveillantes influences s'employèrent pour M. Formage, qui fut admis, en qualité d'organiste, dans un asile de vieillards.

Un autre bouquiniste nécessiteux et curieux du

quai Voltaire fut le père Hazard, bien connu des fureteurs de livres et qui a été admis récemment dans la maison de retraite des frères Galignani, à Levallois.

Fort misérable aussi était Eugène Flauraud, ancien élève des jésuites de Poitiers et du séminaire d'Issy, poète ayant un volume (*Juvenilia*, 1877-1882) chez Vanier, rêveur enthousiasmé de Balzac, dont il croyait incarner en lui les héros, la tête pleine de spéculations financières et de visions de gloire littéraire, incapable de réussir à rien, et se promenant devant les quelques douzaines de bouquins qu'il étalait sur le parapet avec autant d'intelligence de la réalité qu'un chevalier de la Table-Ronde dans la forêt de Brocéliande. A bout de ressources, il retourna un beau matin au bercail provincial, si imprudemment abandonné ; mais la malchance qui le tenait bien ne le lâcha pas : il se noya peu après, accidentellement, dans la Vienne.

Un original étalagiste dont nous nous souvenons encore avec attendrissement, car nous l'avons connu à nos débuts dans la passion bouquinière, vers 1875, c'est le brave et excellent Raguin, de Troyes, qui était installé sur le quai Malaquais, près de la colonne-affiche des théâtres. Nous le voyons encore avec sa bonne mine de Champenois gai, madré, bon enfant et son expansive affection lorsqu'il causait à ses clients sérieux. Raguin avait alors trente-cinq ans environ, c'était un érudit, très versé dans le grec, qu'il écrivait couramment; il avait, rue Mazarine, une boutique pleine de livres, où nous avons souvent passé des journées entières, une bougie à la main, pour dénicher dans l'obscurité des encoignures des

éditions d'auteurs des XVIe et XVIIe siècles dont nous faisions des lots considérables, discutant les prix dans une vivacité de propos, un entrain et une gaîté que provoquaient en nous l'esprit étrange, la fièvre de lutte obstinée du vendeur et sa joyeuse mine de bon Champenois !

Ah ! ce Raguin ! Il sera éternellement dans nos souvenirs, car il a, des premiers, contribué à asseoir les bases de notre bibliothèque aujourd'hui si nombreuse et qui ne nous cause plus, hélas ! les joies idéales d'autrefois.

— Un matin, on nous apprit sa mort soudaine, dans son logis de la rue Mazarine. Comme il vivait célibataire, on ignora toujours la cause de son décès; il n'était pas venu au quai, lui, si régulier; on alla chez lui et, forçant la porte, on le trouva étendu sans vie en travers de sa chambre. — Le pauvre garçon ! — Cachait-il quelque secret ennui sous cette plaisante humeur dont il égayait tous les bons bibliophiles qui s'arrêtaient fréquemment sur les quais pour causer avec lui! Qui le saura jamais? *Alas! poor Raguin!*

A un coin du pont des Saints-Pères se tenait une autre variété de bouquinopole, le vieux Leguiller, monté d'une école et d'une épicerie de village aux quais parisiens. Majestueux, solennel et gourmé, il était resté, de par son éducation et ses aptitudes, ignorant en matière de bouquins comme plusieurs membres de la Société des Amis des livres. Il vendait sa marchandise à vue de nez, vous faisant trois francs un livre de dix sous, et réciproquement. Il y avait pourtant un moyen d'amadouer cet honnête imbécile. On l'abordait avec une considération respectueuse, lorsqu'il avait le nez  fourré dans un livre, car il lisait toujours et n'importe quoi. Un compliment sur ses goûts studieux et sur l'étendue de son savoir, et son cœur altier se fondait; il ne savait plus résister; le prix offert par vous était le sien, et il ne regardait pas à vous faire profiter, par-dessus le marché, de conseils et aperçus littéraires pleins de saveur.

Moins ignare et plus drôle d'aspect était le père Confait, ancien disciple de Saint-Simon, qui causait volontiers de ses ex-frères de Ménilmontant,

citant les plus célèbres et les plus habiles, et comparant, non sans amertume, leur sort à sa médiocrité. Avec ses gros yeux saillants, chaussés de lunettes d'argent énormes, ses cheveux longs et raides, son collier de barbe hirsute, il était un argument vivant en faveur des théories qui affirment notre descendance simiesque. Pendant une quinzaine d'années on put le voir, devant la Monnaie, à côté du kiosque des voitures, partageant son repas, sur le coffre de sa petite charrette à bouquins, avec sa femme, qui n'était pas moins baroque que lui, et un horrible vieux caniche, presque aveugle, sur lequel se concentrait toute la tendresse de ses maîtres. Le reste du temps, il allait et venait, l'air ennuyé et malade, fourrant à chaque instant ses doigts dans sa culotte, pour remonter...
— Oh! Réalisme, aide-nous dans cet aveu véridique!
— son anus tombant. Puis il tripotait ses livres, qu'il vendait cher d'ailleurs. Le type n'eût pas été reconnaissable si nous avions omis ce détail peu ragoûtant. Et maintenant, un peu écœurés, passons vite!

Nous ne saurions passer sous silence le bouquiniste Janssens, Belge à barbe rouge, à mine torve dans le silence, mais dont la figure placide, le sourire bonasse et narquois lorsqu'il s'animait, avait on ne sait quoi d'aimable et d'affligeant à la fois, car il y avait dans son allure de Quasimodo, rabougri et voûté sous le faix des livres portés, une sorte de déformation qui attirait la pitié et dans son regard rieur de Flamand content de vous voir une malice spéciale.

Janssens, après avoir été longtemps employé chez Marpon, sous les galeries de l'Odéon, s'était campé au début du quai Voltaire, sur les parapets qui avoisinent le pont des Saints-Pères. Très actif, très « débrouillard », plein de relations dans le monde des journalistes, il savait acheter des ouvrages de bibliophiles aux critiques bibliographes et les revendait à des amateurs aux aguets qui venaient le trouver dans sa remise de la rue Bonaparte. Janssens eût pu faire fortune, car il était né malin; mais, paraît-il, — qui l'eût dit, ô Vénus Pandemos! — c'était un satire auquel le jupon devint fatal, et, d'autre part, il ne pouvait résister aux sourires de l'absinthe et de tous les petits verres de « l'Assommoir » d'en face. — La femme et l'alcool le ruinèrent. Il y a deux ans, employé chez Le Soudier, il déroba des livres et passa la frontière. Il mérite quelque indulgence, car, en vérité, ce fut un brave homme. Toujours à ses côtés se trouvait un autre étalagiste, sa doublure et son *alter ego*, un *Bibi la grillade* ou un *bec salé* dit *boit sans soif*, joyeux à voir et qui est toujours sur le quai; aimable garçon à mine rubiconde, à l'allure obligeante, connu de ses collègues sous le nom de *Le Noble le Mazurier*. De son vrai nom Le Mazurier, mais, comme il avoue parfois des parentés aristocratiques, ses voisins l'ont quelque peu *sobriquetté*. — Le Mazurier est l'un des plus serviables bouquinistes du quai. Janssens doit lui manquer, comme il manque à beaucoup de bouquineurs.

La liste des bouquinistes disparus serait interminable en ne comprenant que les étalagistes des vingt-cinq dernières années. Il nous faudrait parler également du *manchot* que des générations ont connu, puis du vieux Dubosq qui était établi près du pont des Arts (toujours un Normand), et qui a laissé derrière lui, comme neveux, une véritable dynastie de Dubosq. Le vieux Dubosq, mort à soixante-dix ans, avait parfois de bons livres, et s'il était bien achalandé sur le quai, sa boutique de la rue Bonaparte n'en était pas moins bondée d'excellents ouvrages d'occasion. Mais allons vite, sauf quoi nous ne sortirions pas de ces Bouquinistes d'hier !

Qu'est-ce encore ? — A notre mémoire se présente un nouvel excentrique, Ambs, qui tenait la *Bouquinerie Voltaire,* en face du pont des Saints-Pères. Ambs était jeune, actif et semblait devoir faire fortune si la « Maîtresse rousse », la dive bouteille, n'était parvenue à lui tordre les boyaux. Ses collègues l'avaient surnommé *Amer Picon,* car il séchait jusqu'à quinze ou vingt verres de cet apéritif dans sa journée. — « A force de s'ouvrir l'appétit, disait un de ses voisins, il a perdu le goût du pain. »

Parmi les plus récents qui n'ont fait que passer sur les quais, ne devons-nous pas parler de Gustave Boucher, qui lâcha une étude de notaire à Niort pour s'en venir à Paris, par amour du bouquin, conquis à la bibliographie — nous avoua-t-il — par la lecture de notre ancienne revue, *le Livre*. Il s'établit, lui tout jeune, frêle et délicat, étalagiste sur le quai Voltaire. Gentil comme un héros de Musset, élégant et toujours correct, il supporta au début des périodes de terrible vache enragée, souvent accompagné alors sur le quai d'une petite femme, Mimi Pinson du quartier Latin, qui venait à l'étalage aider au remisage des boîtes. Boucher apporta là, presque sous nos fenêtres, il y a sept ans environ, comme un roman de littérature et d'amour, de jeunesse passionnée et studieuse à la fois qui avait un tour d'idylle et de vocation bibliognostique bien curieuse et fort touchante. Aujourd'hui, cet ancien bouquiniste ès lettres, retiré dans l'administration des Beaux-Arts, cultive avec une rare délicatesse la littérature et le monde des littérateurs les plus affinés et les moins publics, sans essayer d'oublier ou de faire oublier sa passagère position d'étalagiste observateur, resté ami des Bouquinistes.

Nous lui devons beaucoup de notes finement colligées et nous le saluons de nouveau au passage.

Abel Tarride, l'acteur actuellement acclamé aux Nouveautés et qui donne dans *Champignol malgré lui* tant de verve comique à un rôle militaire, fut également étalagiste au quai Voltaire et préféra vendre les épaves littéraires qui échouent là comme en un suprême refuge, plutôt que de vendre en province des objets de sainteté chez l'auteur de ses jours. Le soir, la boutique close, il allait jouer la comédie, n'importe où, dans les quartiers excentriques, pour apprendre son métier sur les planches de la banlieue. Les quais ne mènent-ils pas partout?

Que d'autres encore, amusants ou intéressants à différents titres, ont disparu! Sans parler du père Lécureux, qui eut dans Piédagnel son médiocre bibliographe, voici passer, dans la chambre noire de nos souvenirs, le jaune Pelet, surnommé « pain d'épice », qui, avec Janssens, fut un des bouquinistes les plus connus par les bibliophiles qui trouvaient souvent à leurs étalages de bons livres, et particulièrement des classiques, des vieux poètes et des conteurs en première édition; citons Laporte, que nous retrouverons bientôt, Laporte, dont on estropie le nom, et qu'on appelle encore l'Apôtre, non pas en souvenir de la première vocation qu'on lui attribua, car il ne fut jamais un défroqué, mais parce qu'il publia la *Bibliographie jaune*, la *Bibliographie clérico-galante*, sous le nom de *l'Apôtre bibliographe*. Sa marque d'éditeur montrait, imprimés, au-dessous d'une porte entr'ouverte, ces mots singuliers : *A Laporte, la porte.*

Un vrai type celui-là, avec sa mine importante de Père Hyacinthe Loyson moustachu, toujours couvert de son chapeau, la bouche amère; l'air mécontent et rogue... et disert et bavard... une vraie bénédiction. Une grosse brune, de caractère méridional, sa femme, sa sœur ou sa fille, nous ne savons trop, l'assistait alors chaque jour sur les quais. Peut-être y est-elle encore. — Legoubin est à citer, il étalait sur le parapet le rebut — ou les amorces — de la boutique qu'il possède dans le voisinage ; — la dynastie des cinq Gougy père fils et oncles ; — Joux, dont les bizarreries demanderaient une monographie à part ; — Bridoux, qui, du modeste étalage en plein vent, s'éleva aux splendeurs de la « bouquinerie centrale », jouxte le Pont-Neuf.

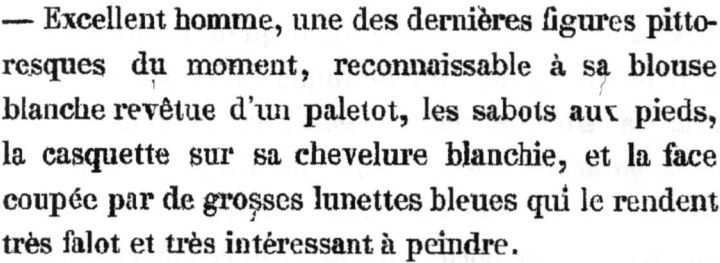

Qui encore ? — Le brave papa Rosselin du quai Malaquais, établi bouquiniste depuis 1853 et qui aujourd'hui doit être le doyen incontesté.

— Excellent homme, une des dernières figures pittoresques du moment, reconnaissable à sa blouse blanche revêtue d'un paletot, les sabots aux pieds, la casquette sur sa chevelure blanchie, et la face coupée par de grosses lunettes bleues qui le rendent très falot et très intéressant à peindre.

Il nous faut parler aussi de Delahaye. Après avoir été éditeur chez son père, qui publia diverses éditions d'anciens auteurs annotés, entre autres la *Bibliothèque gauloise*, à couverture de percaline verte, dont tous les bibliophiles se souviennent, Delahaye était demeuré bouquiniste longtemps rue Casimir-

Delavigne. Ce Delahaye, complètement en dèche, après avoir tenu, du temps du bibliophile Jacob, un rang assez distingué dans la librairie, était venu s'établir sur le quai de la Mégisserie, et là, non seulement il avait ouvert un copieux étalage, reliquat des fonds de boutique d'autrefois, mais encore, se distinguant

de ses confrères, il éclairait le soir ses boîtes alignées à l'aide d'une rangée de lampes à pétrole du plus éclatant effet. — Il resta ainsi bouquiniste nocturne et solitaire durant plus d'une année, jusqu'en 1887 ou 1888. Mais il faut croire que son éclairage attirait plus de chauves-souris, de moustiques et de papillons de nuit que de bouquineurs attardés, car il cessa brusquement d'allumer ses quinquets. — C'est dommage ! — C'était pittoresque et amusant, ce bouquinage aux lanternes, avec le cuivre brillant des lampes et les lueurs étranges que les coups de vent donnaient parfois aux livres en faisant vaciller éperdument les jaunes flammes du pétrole.

Si les libraires qui sont devenus bouquinistes sont fréquents, ils ne sont pas très rares non plus, les marchands de vieux livres qui, de *bouquinistes,* sont devenus *libraires.* En majorité Normands, on l'a vu par divers exemples, ils excellent dans un commerce où le flair est la qualité indispensable et qui peut, à la rigueur, dispenser de toutes les autres. Astucieux et hardis, de sang chaud et de raison froide, les Normands, on a pu le dire avec esprit et vérité, sont les *Juifs du papier.* Ils tiennent toute la librairie, depuis Morgand jusqu'à Legoubin; ils savent acheter au plus bas et vendre au plus haut, ce qui est le secret même du trafic en notre admirable ordre social. Si, avec cela, ils dominent assez leur tempérament pour tenir en respect la bouteille et les filles, toutes les chances de réussite sont entre leurs mains. C'est ainsi que Dubosq, dont nous parlons plus haut, était arrivé à une véritable fortune, qu'il perdit d'ailleurs dans une dernière opération de Bourse, car les livres ne lui suffisaient plus depuis longtemps. C'est ainsi que le libraire Pillet a successivement passé d'un étalage en espalier contre un mur des quais à un étalage sur le parapet, et du parapet à une belle boutique où il fait le commerce en grand. Un type, ce vieux Pillet, qui n'est pas encore disparu et qui, dans un amoncellement de livres anciens placés en un milieu d'un clair-obscur très rembranesque, se promène, toujours *casquetté*, avec l'ennui d'un homme qui voit que le goût du jour n'est plus avec le vieux et que son genre retarde de plus de vingt années.

On pourrait multiplier ces exemples, mais celui-ci peut nous servir de transition entre les bouquinistes d'autrefois et les bouquinistes d'aujourd'hui. Tous les vendeurs des quais ont dans quelque coin obscur d'une de leurs boîtes ce bâton de maréchal de la librairie que tant d'habiles étalagistes ont su brillamment brandir. — Si nous ne craignions pas de faire rougir de leur origine certains gros libraires actuels, cossus, ventrus, pleins de fierté et d'attitude majestueuse, nous citerions des noms de bouquinistes arrivés à des situations de libraires-éditeurs. Mais, chut! taisons-nous; ne chagrinons personne. Ce chapitre est déjà trop long!

LES ÉTALAGISTES DU JOUR

Originaux et Excentriques

LES ÉTALAGISTES DU JOUR

ORIGINAUX ET EXCENTRIQUES

E physiologiste qui explorerait les quais de Paris pour en étudier minutieusement les tenanciers, et, de cette étude, dégager un type essentiel de Bouquiniste, gaspillerait, pensons-nous, et son temps et ses facultés de synthèse. Sans doute les originaux ne manquent pas dans une profession, qui, comme les métiers de cocher, de marchand d'habits, de débitant de vin et de loueur en garni, est un des cinq ou six refuges les plus ouverts aux prédestinés à qui « rien ne réussit ». Mais ces originaux ou bien portent la marque de leur profession première, ou bien se distinguent par des traits purement individuels;

leurs particularités de physionomie et de caractère sont presque toujours extérieures à leur métier présent; ce sont des excentriques devenus Bouquinistes, mais ce n'est pas le commerce des vieux livres qui leur a donné l'estampille de l'individualité ni le cachet original qu'ils présentent.

Le lecteur, en nous suivant à travers la galerie des disparus, a déjà pu faire cette remarque que rares étaient, dès lors, les Bouquinistes qui ont le bouquin « dans le sang ». Combien plus rares encore sont-ils aujourd'hui! Sans espérer trouver dans la confrérie actuelle beaucoup d'érudits comme le bonhomme Achaintre, éditeur d'Horace, on pourrait croire que nos marchands de vieux livres connaissent et apprécient, au moins pour la plupart, leur marchandise, s'y intéressent intelligemment, et empruntent à la similarité de leurs occupations une similarité de manières et d'aspect, qui est comme le sceau du métier sur l'individu. — Le professeur, l'avocat, le médecin, le propriétaire faisant valoir, le militaire en civil, se reconnaissent parfois à des traits généraux et communs. Je ne parle pas des mains du teinturier, de la blouse du peintre, de la cotte du charpentier, qui ne sont que des indices superficiels, des enseignes, pour ainsi dire, faciles à effacer ou à décrocher, et qui ne laissent pas nécessairement de stigmates. — Le Bouquiniste n'a même pas les dehors de son métier. Il vend ses livres comme l'opticien de rencontre, à côté de lui, vend des lunettes, comme l'an-

LES ÉTALAGISTES DU JOUR.

tiquaire débite ses médailles et ses petits bronzes, comme le naturaliste livre au plus juste prix des ammonites fossiles, des cristaux de quartz, des papillons fixés sur liège, des vertèbres et des fragments de mâchoire ou de tibia. Il n'y a point de type absolument reconnaissable.

Il nous est arrivé plus d'une fois de découvrir à certain étalage des livres qui nous intéressaient et de les payer à un homme de taille moyenne, l'œil vif, l'air entendu, qui ne perdait pas de l'œil ses chères boîtes, et accourait toujours à nous, dès que nous avions besoin de lui. Nous croyions bien avoir affaire à un Bouquiniste; mais un jour nous aperçûmes sous sa veste une plaque de cuivre, et, appuyés à l'arbre voisin, un crochet et un coffre de décrotteur. Notre Bouquiniste était un commissionnaire chargé de la vente, pendant que le patron buvait au cabaret, chez le *bistro* du coin.

Il y a des exceptions, tels les deux ou trois nommés au début et au cours de ce livre, et qui nous ont fourni quantité de notes substantielles et bien rédigées. On en trouverait quelques autres qui, comme ceux-ci, ont une bonne instruction générale et sont au courant des choses de leur métier. Mais le recrutement ne se fait point, d'ordinaire, il faut bien le dire, parmi les bacheliers et les diplômés d'écoles.

Voici, par exemple, l'étalagiste du coin du pont Royal, sur le quai d'Orsay, présentons-le : c'est Chevalier, l'ancien garçon de la salle Sylvestre, bien connu pour son ignorance indéguisable et son langage peu athénien. Il sait à peine lire; il n'en est pas moins un des Bouquinistes qui ont le plus de livres et des meilleurs; il a déjà réalisé quelques économies.
— Il y a peu de temps encore, ses volumes restaient entassés pêle-mêle dans des sacs qui jonchaient le sol de son magasin, rue de Verneuil. Les initiés admis dans le sanctuaire vidaient les sacs sur le plancher pour en examiner le contenu. « Cherchez votre vie là dedans! » leur disait le bonhomme, car au fond Chevalier est un excellent homme, mais tout à fait incapable de faire ce que le chiffonnier fait des rebuts et des détritus accumulés dans sa hotte : il ne savait trier, lui, ni ses os, ni ses chiffons.

Les os à moelle, les chiffons de dentelle n'étaient pas communs, naturellement; pourtant il y en avait, et plus d'un amateur est revenu, dit-on, de sa pêche au sac chez Chevalier avec des volumes rares qu'il avait payés trois francs pièce. — Trois francs, c'était, d'ordinaire, la limite extrême des prétentions de Chevalier; mais d'après quelles règles établissait-il son échelle des prix? — Nul ne l'a jamais su. Tel livre valant dix sous était coté par lui trois francs, avec autant de candeur qu'un autre qui pouvait valoir un louis. Et le prix une fois fait, il s'y tenait avec une rudesse têtue que rien n'ébranlait. On avait alors la ressource d'attendre que le livre convoité fût transvasé de son sac dans une des boîtes du quai : là, tout était fouillis ; les livres s'y égaraient, sans raison ni méthode, du casier à deux sous au casier à 2 fr. 50. Aujourd'hui tout cela est changé, la fille de Chevalier, devenue grande, met un peu d'ordre dans ce désordre. Elle va, vient, surveille, range, la taille droite, l'air froid en même temps qu'affable, faisant l'article d'une voix légèrement zézayante, et, dès qu'un client trop aimable fait mine de tourner la conversation sur un autre sujet, ne disant plus rien et battant dignement en retraite vers le kiosque de journaux.

De l'autre côté du pont, sur le quai Voltaire, la figure d'étalagiste la plus remarquable et la plus affable est, sans contredit, celle de l'excellent M. Corroenne, le bibliographe bien connu des éditions Cazin, établi sur le quai depuis 1880. Les livres qu'il étale, il les puisait à brassées dans la petite boutique qu'il a conservée longtemps sur le quai, en face, à l'enseigne du « Cazinophile ». Il s'est fait installer depuis peu une grande caisse rectangulaire, avec couvercle se relevant, le tout solidement fixé au parapet. Il n'a qu'à la fermer le soir et à la rouvrir le matin : son étalage est toujours fait. Il le renforce quotidiennement avec des piles de bouquins dont il la flanque de chaque côté, comme ces travaux extérieurs qui protègent les abords d'une forteresse. Mais il semblerait que l'ardeur dont le Bouquiniste cazinophile a donné tant de preuves soit bien tombée. La confusion la plus grande régnait dans sa boutique, qu'il vient d'abandonner, et son étalage ne se recommande pas toujours par l'ordre ni par la méthode.

M. Corroenne a élevé dignement une nombreuse famille ; l'éducation qu'il a fait donner à ses enfants fait honneur à son dévouement paternel non moins qu'à sa raison. Cet homme, à tenue militaire, ancien musicien de la Garde républicaine, encore plein de verdeur et de force, ne saurait considérer sa mission comme terminée. Au bout de son rôle de père, a-t-il laissé se détendre le ressort bibliographique qui le soutenait ? Peut-être lui fallait-il l'excitation d'un devoir précis et immédiat à remplir pour le garantir de cette vague insouciance, de cet abandon de ses anciens travaux et de ses intérêts qu'on remarque maintenant chez lui.

C'est le meilleur des hommes, zélé, poli, courtois, ayant conservé les lois de l'harmonie enseignées à la Garde, toujours plein de mesure et facile aux accords. Ses confrères, faisant allusion à sa haute stature et à son amour pour les jolis

Cazin in-16, le nomment par antithèse *Grand-corps, Petits-formats.*

Non loin de lui expose, l'après-midi, un type qui vaut d'être signalé, Émile Vaisset, employé chaque matin chez Auguste Pillet. Ce demi-Bouquiniste, grand garçon maigre et remuant, est surnommé *Sac-d'os* par ses ironiques *copains* des parapets.

A côté, Gallandre, ex-employé au chemin de fer du Nord, qui, après avoir poussé des wagons sans trêve sur la ligne de Saint-Denis, pousse aujourd'hui la petite charrette à bouquin qui doit lui sembler légère comme un jouet.

Plus loin, toujours sur le quai Voltaire, un Bouquiniste prospère, grand, réjoui, la voix sonore, la main familière, toujours coiffé du melon noir et très allant de droite à gauche sur le quai. C'est A. Rigault, le représentant le plus attitré sur les quais de la « Revue des Buloz », dont il possède cinquante mille livraisons remisées rue des Saints-Pères au n° 7. — Il connaît sa *Revue* comme personne, il s'y donne tout entier et, sur les murs de son hangar, on ne voit que des couvertures saumon alignées avec méthode. Rigault *fait* également les *Bottin.* Il les collectionne et les revend plus ou moins cher suivant les dates. Il s'occupe bien tout de même un peu de livres courants, mais c'est vraiment une concession, ça l'intéresse peu. Le vrai Rigault, c'est le *Rigault Revue,* le *Rigault Bottin!* l'incomparable *compléteur* des collections Buloz.

Le quai Malaquais se glorifie d'un des premiers critiques littéraires du temps, bibliographe de haute volée. Il tient ses assises devant les Beaux-Arts, et il  ne serait pas plus fier devant l'Institut. Nous voulons parler d'Antoine Laporte, déjà nommé dans le précédent chapitre. Sans dédaigner le lustre que donnent les lieux ambiants, il sait à n'en pas douter qu'il porte en soi la source de son éclat et de son rayonnement. Il en est, d'ailleurs, ménager, et ce n'est pas sur le premier acheteur venu qu'il versera le flot de ses lumières. Il ne se commet qu'avec ceux en qui il croit sentir des érudits sérieux, des amateurs ayant de la science et du goût. Ce n'est qu'avec ceux-ci, en effet, qu'il a plaisir et honneur à triompher, — et il triomphe toujours. On ne lui apprend rien, on ne lui prouve rien, on ne le détrompe pas : il sait tout et ne se trompe jamais. On peut l'écouter, mais le contredire, non pas. Car, dès qu'on fait mine de lui tenir tête, il vous renvoie à ses œuvres bibliographiques, que vous ne connaissez pas; et tant que vous les ignorerez, comment voulez-vous qu'il daigne discuter avec vous?

En poursuivant notre chemin, nous arrivons à l'étalage de M. Humel. — M. Humel est un Bavarois d'origine et peut-être de nationalité, car on n'a jamais entendu dire qu'il se soit fait naturaliser. Mais s'il n'est pas Français, il mérite de l'être, pour la galanterie tout au moins. Les bouquinistes se plaignent de temps en temps qu'on fasse de leurs parapets, comme des bas côtés d'une église, des lieux de rendez-vous, ou même de rencontres fortuites : nous doutons qu'à ces plaintes se soit jamais unie la voix de M. Humel, tout au moins lorsqu'il était célibataire et qu'il poursuivait de ses œillades et de ses offres de service tout cotillon un peu frétillant qui s'approchait de son étalage. Il eut ainsi plus d'une bonne fortune, à laquelle il sacrifiait le gain quotidien, pendant deux ou trois fois vingt-quatre heures, le temps qu'il fallait pour qu'il ne lui restât plus sur les lèvres que l'écorce sèche du plaisir vidé. Mais enfin le conquérant a été conquis par sa dernière conquête, et depuis qu'au bout d'une absence prolongée, il est revenu au quai, accompagné d'une charmante  compagne qu'il a présentée à ses voisins et qui bientôt l'a rendu père, M. Humel n'a plus fait de fugues et n'a gardé de ses habitudes galantes qu'une politesse et une complaisance qu'on aimerait toujours à trouver partout. S'il voit encore d'un œil indulgent le trottin ou la petite bonne s'arrêter devant ses boîtes et consulter gratis *la Clef des songes* ou *le Secrétaire des dames*, qui ne l'approuverait pour cette gracieuse tolérance? — Et, de fait, ils sont rares, les bouquinistes qui, en pareil cas, ne ferment pas les yeux — ceci est une métaphore — et n'évitent pas de se diriger vers la lectrice, de peur de l'intimider. Et, quand la fillette s'éloigne de son pas d'oiseau, repassant dans sa petite cervelle une formule de lettre ou l'explication d'un rêve, riche d'espoir et d'illusion pour toute une journée, le bonhomme de bouquiniste remet le livre en place avec un demi-sourire attendri, doucement heureux de la charité qu'il vient de faire.

Nous recommandons volontiers cette jouissance, ainsi que toutes celles que donne l'urbanité dans la pratique honnête du métier, à un gros homme dont le magasin est rue de Seine et l'étalage en face de la rue Bonaparte. Énorme tête rougeaude sur un cou apoplectique, ventre de poussah graisseux, son enveloppe physique se moule exactement, dit-on, sur l'homme intérieur. Il est redouté pour ses plaisanteries grossières et ses jeux brutaux à l'Hôtel des ventes et à la salle Sylvestre, où les commissaires-priseurs sont souvent obligés de le rappeler à l'ordre. Il y est, du reste, assidu, étant des membres les plus actifs et les plus bruyants de la « bande noire ».

Ce singulier personnage ne saurait nous arrêter longtemps et, comme nous exprimons ici à son sujet une opinion qui semble générale sur le quai, nous ne le nommerons pas, car nous ne voulons ici désobliger aucun des étalagistes vivants ni nuire à personne. Il nous est permis de préférer cependant de beaucoup l'amusante compagnie de M. Jacques, sur le quai Conti, devant l'Institut.

Il y a plaisir à entendre M. Jacques développer ses idées de rénovateur de l'étalage. Cet homme étonnant rêve de transformer les quais de Paris en une vaste galerie, avec marquise, éclairage, rayons, comptoirs, etc. Le peu de succès de ses multiples démarches, loin de le décourager, le pousse à d'autres entreprises. Il s'est

Type de Bouquiniste du quai Malaquais.

donné la tâche de débarrasser la société des « Monopoleurs », ou accapareurs modernes. A cette fin, il a publié un volume hilarant : *la Pieuvre commerciale,* qui a été annoncé aux populations par des affiches d'un haut comique, où il invitait, par la même occasion, tous les commerçants de Paris à venir signer à son étalage une double pétition, demandant la destruction des grands magasins et la création d'une foire nationale. — Malheureusement, il est victime de machinations sans nombre ; le capital le poursuit d'une haine farouche ; la presse achetée s'est tue sur son volume ; ses affiches ont été recouvertes ; les pétitions, n'étant revêtues que de sa seule signature, ne sont décemment pas en état d'être présentées. Mais M. Jacques ne désarme pas ; il reste indomptable et menaçant.

« Je leur z'y ai dit qu'ils auraient à faire à moi ! Ils n'ont qu'à se bien tenir. » A son appel, on descendra dans la rue ; il se mettra à la tête du peuple. Gare, alors ! car Jacques sait ce que c'est que la Jacquerie. En attendant, il va se faire nommer député.

Ce bon toqué a son pendant au coin du pont Saint-Michel, où nous nous transportons d'un seul bond, laissant momentanément les étalagistes du quai Conti et du quai des Grands-Augustins, parce que, si le type normand y abonde, le type bouquiniste n'y est vraiment pas très accentué.

Tous deux révolutionnaires et socialistes, M. Jacques et le citoyen Chanmoru diffèrent cependant beaucoup l'un de l'autre. C'est Marat à côté de Camille Desmoulins. — Il y a, dans les imaginations fantaisistes de M. Jacques, une envolée que ne connaît point le cerveau sombre, mécontent et utilitaire de son confrère. Celui-là s'égare dans les royaumes du rêve ; celui-ci, plus terre à terre, applique

LES ÉTALAGISTES DU JOUR. 129

tant qu'il peut ses théories, fait de l'action et, ce faisant, enrichit son casier judiciaire.

En été, le citoyen Chanmoru se coiffe d'un béret rouge en été et en hiver d'une toque de loutre. Sa longue chevelure jaune est rattachée en forme de chignon derrière la tête par une faveur blanche ou bleue. Sa barbe, en broussaille, est jaune aussi. Ses longues dents, que le rictus de deux grosses lèvres laisse le plus souvent à découvert, sont jaunes. Cette figure de jaunisse est percée, comme par une vrille, de deux trous où clignotent et s'agitent deux petits points d'un bleu pâle qui sont ses yeux. En hiver, le citoyen Chanmoru, chaussé de sabots en bois blanc, s'emmitoufle d'un cache-nez, et sur un épais pardessus passe ordinairement une longue blouse, d'un gros tissu gris sale.

Son plan de rénovation sociale, au point de vue restreint de la bouquinerie, consiste dans l'établissement d'un syndicat pour empêcher les bouquinistes de vendre leurs livres à des prix inférieurs à ceux fixés par le comité. Chaque achat serait examiné, et chaque volume coté. Tout étalagiste atteint et convaincu d'avoir vendu un livre non coté au-dessus de la cote serait exclu du parapet. Le citoyen Chanmoru, dont le dévouement aux idées démocratiques et égalitaires n'a pas de bornes, constituerait parfaitement à lui tout seul le comité taxateur.

Chanmoru a déjà été condamné pour insubordination aux agents dans des échauffourées diverses, aussi il n'aime pas *la Rousse* et son esprit révolté lui fait voir des mouchards presque partout. Tous ses voisins qu'il tracasse semblent être, à ses yeux, des agents placés là pour le surveiller.

D'un caractère absolu et autoritaire, il met ses amis en demeure d'opter entre lui et ceux qu'il suppose être de ses ennemis.

En pleine période boulangiste, Chanmoru cria : *A bas les voleurs!* sur le passage du Président qui allait inaugurer place des Nations la fontaine de Dalou. Le scandale fut grand et l'autorité le mit en état d'arrestation. Après trois jours de prévention, il dut son élargissement au Tyran en personne, à M. Carnot, qui peut-être, étant polytechnicien, aima les bouquinistes et les flâneries des quais.

L'étalage du citoyen Chanmoru était, il y a quelques années, tout aussi curieux que sa personne. Vingt petites boîtes, construites et peintes en rouge par lui, s'alignaient sur les dix mètres de mur auxquels il a fallu le limiter par la force, sa tendance démocratique étant de tout prendre pour lui, Chanmoru, seule incarnation non frelatée des Démos. — Le démocrate, dont le citoyen Chanmoru est le type absolu, considère comme aristocrates tous ceux qui possèdent ce qu'il n'a pas; or nul n'ignore que prendre aux aristocrates ce qu'ils possèdent, c'est légitimement rentrer en possession de son bien.

Dans ces vingt boîtes les livres étaient systématiquement classés, et le client était averti par une petite fiche de la catégorie qu'il avait devant les yeux. Quelque lamentable et délabré que fût le volume, une pièce manuscrite, collée au dos, en donnait le titre, la date et le prix, et une ficelle soigneusement nouée en retenait les feuillets, pour le mettre à l'abri du pouce des curieux. L'écart entre le prix marqué et la valeur était le plus souvent d'un invraisemblable tout à fait ironique, mais en dessus plutôt qu'en dessous. Nous y avons vu une *Bible Farce,* du sieur Léo Taxil, brochée, marquée quinze francs. Trouillet les vendait à ce moment-là cinquante centimes le kilogramme.

Outre les innombrables petites fiches destinées à guider les recherches, il y en avait de plus grandes, donnant des conseils sur la façon de tenir les livres, de les ouvrir, de les fermer, de les remettre en place. Une pancarte spéciale rédigée en vieux français priait les fumeurs de ne pas répandre leurs cendres dans les boîtes, et faisait défense aux écoliers de laisser tomber sur les livres la roupie de leur nez irrité par le froid.

C'est de Chanmoru que nous voulions parler dans le *Livre,* en 1880, lorsque dans la *Gazette bibliographique* nous écrivions l'entrefilet que voici :

Un bouquiniste. — Les bouquinistes du quai ont depuis quelque temps un confrère qui s'est installé non loin du pont Saint-Michel. Le nouveau venu s'est fait une spécialité des journaux, brochures et documents de toute sorte qui ont paru sur les événements de 1871. Il possède également nombre de brochures socialistes et révolutionnaires.

Tout cela est rangé, étiqueté, classé avec un soin méticuleux.

Notre bouquiniste a horreur du désordre et sa colère est grande quand il voit les profanes fourrager dans ses boîtes. Aussi est-ce à leur intention qu'il a rédigé les deux petits avis suivants :

LE LIBRAIRE NAVRÉ

DE VOIR SES OUVRAGES MUTILÉS SANS PITIÉ

fait appel à toute la délicatesse du Public

pour ne feuilleter ses livres

que le moins possible

et avec l'intention

d'acheter.

ADVIS

AUX ESCHOLIERS ET AULTRES

Oncques ne vist-on
Au païs d'Angleterre, d'Espaigne,
Voire d'Allemaigne,
Les admirateurs penchés sur les boîtes
Y laisser choir
Cendres de cigares, de cigarettes,
De pipes même et brûle-gueules.
Ni laisser couler
De leurs nez roupies.
Adoncques, le pauvre bibliothéqueux,
Porant et geignant,
Invoque de tous Précaution et Mercy
Sous peine d'estre, en contraire cas,
Marrys et jetés en Seine
Comme malfaisants matous.

Aujourd'hui cet étalage mirifique s'est transformé. Le propriétaire remarquait que plusieurs de ses voisins, ne vendant que de la musique, arrivaient à faire des recettes passables. Les siennes étaient supérieures, mais il pensa qu'en établissant une concurrence le bénéfice des voisins baisserait. Il vendit donc ses petites boîtes et leur contenu, supprima les si amusantes fiches et fit confectionner un étalage tout semblable à ceux d'à côté. De la sorte il a établi une confusion qui, si elle ne lui profite pas, cause du moins quelque préjudice à ses confrères. De quoi il se frotte les mains, l'âme éjouie. Tel est cet homme **curieux et amusant.**

Puisque nous en sommes aux bizarreries morales de ce petit monde, où l'on trouve, pour les racheter, tant de simplicité, de bonhomie, de vertus familiales, de résignation modeste à une médiocrité laborieuse, nous voulons rapporter ici une conversation que nous avons eue, il y a déjà sept ou huit ans, avec l'un des plus cyniques et des moins scrupuleux de tous les bouquinistes qui garnissent la ligne des quais.

Ne prononçons point son nom. Qu'il nous suffise de dire qu'il a déjà été parlé de lui dans ces pages. Ceux-là seuls le reconnaîtront qui le connaissent déjà, et auprès de ceux-là craindre de lui faire du tort serait certainement superflu.

Il était ce jour-là, comme à l'ordinaire, vêtu d'une blouse bizarre de forme, de couleur et de matière. Voyant qu'elle éveillait notre curiosité, il daigna nous fournir ces explications.

« Ah! vous regardez ma blouse! Elle est curieuse, n'est-ce pas? C'est moi qui l'ai fabriquée, cette blouse, ainsi qu'une autre semblable que j'ai à la maison. C'est tout ce qui me reste du siège de Paris, et la toile à quatre sous dont elles sont faites provient de sacs de café, donnés à mon bataillon, quand j'étais de la garde nationale... Ah! j'en ai gagné de l'argent, dans ce temps-là, monsieur! cré Dieu! au moins douze mille francs! Oh! c'était bien facile, allez! Mon bataillon était composé d'un tas de sales bourgeois, tous gros commerçants ou industriels, comme Menier, le fabricant de chocolat, par exemple, et bien d'autres richards de même acabit. Tous ces gens-là distribuaient chaque jour des provisions à gogo. On ne savait qu'en faire, je vous assure, c'en était écœurant. Puisqu'il y en avait trop, il fallait bien que quelqu'un en profitât, n'est-il pas vrai? A chaque distribution de café, je puis vous dire que j'en *chopais* sans gêne ni remords trois ou quatre sacs que je vendais de quinze à vingt francs. De même pour le chocolat. — En avons-nous eu de ce chocolat! — Quand je descendais de Montrouge avec une voiture de provisions, j'en vendais la moitié en route; une écuellée de riz pour vingt sous, et le reste à l'avenant.

« Et les vêtements donc! Ce que j'en ai ratiboisé et vendu!... Ce n'est rien que de le dire!

« Ce qui rapportait aussi pas mal, c'étaient les corvées. Nous nous entendions avec les caporaux, qui étaient en partie des ouvriers pas trop *rosses* pour nous, et on commandait durement les bourgeois d'avoir à aller couper des rondins dans le bois de Boulogne. Ceux-ci, qui ne se souciaient pas beaucoup de tomber sous les balles prussiennes en ramassant des fagots, nous donnaient 10 francs, 15 francs pour faire la corvée à leur place. C'était un véritable jeu, une rigolade; nous y allions en bande, et nous nous mettions dix pour porter un fagot. »

Il eut un instant de réflexion, et conclut : « Ah bah! on ne leur en a pas encore assez tiré d'argent, voyez-vous, à tous ces cochons-là! »

Mais revenons au citoyen Chanmoru, de qui ce récit ne nous a pas assez éloigné pour que nous ne puissions facilement le retrouver en place. Celui-ci se laissa quelquefois aller à des confidences de ce genre, cyniques et drôles, sur les petits incidents de son commerce. — Révolutionnaire convaincu, socialiste ardent, mangeur de prêtre et dépiauteur de bourgeois, certes, il est tout cela avec acharnement; mais il est aussi terriblement roublard. Et il le sait, et il aime le faire savoir aux autres, pendant que la conscience qu'il a de son mérite amène sur sa face bilieuse un bon sourire fûté, enjoué et satisfait.

« Dans notre métier, dit-il volontiers en ses heures d'expansion, il faut être malin et avoir l'œil. Sans cela, croyez-le bien, on ne gagne pas un rond. Tandis que, si l'on est roublard!... Tenez, moi, l'autre soir, j'avais à mon étalage le numéro deux de *la Lune*. Vous savez bien, le journal à caricatures de Gill. Un passant l'avise et s'en saisit avec un empressement avide et joyeux. Je m'dis tout de suite : « Mon vieux, t'a gagné ta journée! »

« — Combien ce numéro? me demande-t-il.

« — Quinze francs.

LES ÉTALAGISTES DU JOUR.

« — Vous savez donc que j'en ai besoin?
« — Je m'en doute un peu.
« Il voulut se débattre; mais je le tenais et je n'en démordis pas. Il finit enfin par s'exécuter...
« Tout ce que je regrette, c'est de ne pas lui en avoir demandé au moins le double. J'ai appris depuis que ce citoyen-là faisait une monographie sur André Gill. Pour ces gens-là, une chose cherchée n'a pas de prix, n'est-ce pas? Mais je l'ai su trop tard. C'est enrageant tout de même! — J'y perds bien un louis. Il faut tirer parti des circonstances et faire les choses adroitement, que diable! »

Après tout, ce n'est pas le citoyen Chanmoru qui a trouvé cette théorie commerciale, et beaucoup, qui ne s'en vantent pas, n'en appliquent pas d'autre. « Combien vendrons-nous cette étoffe? demandait un jour certain commis en étiquetant une pièce qui venait d'arriver chez un marchand de bric-à-brac. — Deux francs cinquante à dix francs, suivant la sottise et le désir du client, à l'avenant de ce qu'il sera bête », répondit le patron. La formule est brutale, mais elle exprime le fond même de la pensée du marchand, — et pourquoi ne pas le dire? — de l'acheteur aussi. L'un et l'autre veulent obtenir le plus en donnant le moins. C'est une lutte de roublardise où il est rare, pour des raisons évidentes,

Le commis de Legoubin.

que l'acheteur, s'il n'achète pas uniquement pour revendre, ait le dessus en dernier ressort.

Telle est, on ne saurait le nier, la moralité du commerce, que ce soit celui du bouquin, du meuble ou du bijou. Ce n'est pourtant pas un motif suffisant pour ériger le citoyen Chanmoru en modèle, comme le fit une fois, sous la signature Jean Frollo, un journaliste assez mal renseigné.

Une bouquiniste.

Développant, tout en la modifiant dans un sens acceptable et pratique, l'idée chère à Chanmoru de fonder un syndicat de renseignements pour les bouquinistes, l'écrivain prévoyait un temps prochain où ces messieurs seraient des gens importants, avec lesquels il faudrait compter. Notons, en passant, qu'il n'est pas nécessaire d'être important pour qu'on puisse compter avec vous: il suffit d'être honnêtement résolu à maintenir son droit; les bouquinistes, sans sortir de leur humble sphère, l'ont bien prouvé chaque fois qu'on a voulu les molester arbitrairement.

« Tous les petits métiers montent, poursuivait le journaliste. Voyez plutôt le tondeur du pont des Arts; ne fait-il pas la barbe aux caniches, ne coupe-t-il pas les chats... et les oreilles dans un véritable salon aquatique? Si cette infime profession se donne du luxe et s'embourgeoise, que ne devons-nous pas attendre des bouquinistes, ces philosophes des quais, qui lisent et observent, et qui, pour l'urbanité et le bon ton, rendraient déjà des points à certains illustres bibliopoles de la région des boulevards! »

Pour arriver là, Jean Frollo avait sûrement oublié son point de départ, le brave citoyen Chanmoru n'étant jugé par tous comme un paragon de douceur et de courtoisie. Mais enfin il est assez naturel que l'excentricité fasse songer à la vertu courante, et nous ne reprocherons pas au journaliste d'avoir complimenté tous les tenanciers des quais pour des qualités qui sont l'apanage de beaucoup d'entre eux. Et puisqu'il nous donne l'exemple de croiser les voies et de passer d'un sentier à l'autre sans crier gare, débordons des limites de notre titre et franchissons les ponts plutôt que de laisser échapper un type curieux et unique, je crois, dans les annales de la bouquinerie.

Un beau jour, sur le parapet de la rive droite, en face le vieux Louvre, — lieu jusqu'alors vierge de bouquins, — on vit s'élever une sorte de long hangar recouvrant des boîtes pleines de livres, et offrant en même temps un abri au curieux : la réalisation en petit du rêve de M. Jacques, moins l'éclairage et le luxe d'installation. C'était un ancien huissier qui s'improvisait bouquiniste et prenait possession. Des passants trouvèrent le hangar gênant pour la circulation sur le quai, et se plaignirent ; les étalagistes de la rive gauche, effrayés d'une concurrence qui pouvait détruire l'espèce de monopole que leur assure leur rassemblement sur une même ligne de quais, protestèrent également avec la conviction vigoureuse qu'inspire toujours l'intérêt menacé. L'ex-huissier n'avait d'autre droit que celui du premier occupant. On n'avait point songé à lui refuser l'autorisation de s'établir en cet endroit, car, ennemi de la bureaucratie, le nouvel étalagiste ne l'avait pas demandée. On l'invita cependant à enlever ses charpentes : il n'entendit pas. On lui fixa un délai sans qu'il s'émût davantage. Enfin l'Administration, à bout de patience et d'arguments, lui démolit son étalage, *manu militari*. Incontinent, toujours en vertu des seuls droits de l'homme et du citoyen, l'ex-huissier brandit de nouveau ses exploits et il se transporta sur le quai du canal Saint-Martin, où doit s'élever encore peut-être son monument d'initiative et de liberté. Mais il n'a pas, pour cela, abandonné le quai du Louvre : il y maintient, sur une longueur de plus de trente mètres, quarante-deux boîtes, fort peu remplies d'ailleurs.

Un type sans légende.

Nous y avons pourtant récemment acheté, pas cher, un exemplaire réglé et à toutes marges des *premières œuvres de Philippes Des-Portes,* Paris, Mamert-Patisson, 1600, dans une reliure ancienne, très fleurie et très dorée aux petits fers ; on lit au bas du titre ces mots écrits avec une encre passée : « Don de l'auteur ». L'exemplaire porte l'ex-libris d'Antoine Chevalier, chanoine de l'église de Paris, 1650 ; l'ex-libris forme un cartouche oblong, à l'intérieur duquel se trouve cette phrase : *Ad usum perpetuum Congregationis Sacerdotum Montis Valeriani, 1730.*

Si ce que nous avançons ici peut contribuer à désensorceler la rive droite, nous n'aurons perdu ni notre temps ni nos paroles. Ce long désert des quais, tout le long du pavillon de Flore et du Louvre, s'animerait d'une vie pittoresque et utile, si les étalagistes pouvaient s'y installer et n'y pas trouver, au début, le terrain trop ingrat. Un homme de flair et d'audace a récemment mis des boîtes au bout du pont Royal, auprès de l'escalier des bateaux-mouches, faisant face, de l'autre côté de la Seine, à l'étalage de Chevalier. Il est poli, complaisant, a des livres quelconques, parmi lesquels on peut, suivant les goûts qu'on a et le plan de la collection qu'on fait, trouver parfois de bons bouquins à des prix doux. Nous souhaitons tout succès à sa tentative, et nous ne croyons pas mentir à l'esprit égalitaire du siècle en demandant, pour les parapets de la rive droite comme pour ceux de la rive gauche, une noble crête de boîtes bouquinières largement fournies.

Avant de finir, nous ne pouvons — bien qu'il soit, lui aussi, hors de notre cadre — nous empêcher de saluer d'un souvenir pieux ce vieux bouquiniste, dont nous parle Schanne dans ses *Souvenirs de Schaunard*, qui étendit son étalage sur le parapet du pont Marie et du quai des Ormes. « Il

donnait à lire aux passants moyennant un sou la séance, et fournissait la chaise », quand le client ne préférait pas s'asseoir sur le parapet. Le seul lecteur auquel il eût jamais fait crédit était Hégésippe Moreau : la mine maladive du poète avait touché le bouquiniste. Au contraire, Murger ne voulut jamais, malgré les généreuses instances de Schaunard, accepter une séance de lecture « dans ce cabinet des pieds humides ». Schanne ne dit pas, il n'a peut-être jamais su, le nom de ce digne homme, qui fit l'aumône à la poésie. Le Bibliophile Jacob l'a connu, sans doute, lui qui les connaissait tous, ces braves gens de tous les quais et de tous les ponts. Mais lui aussi est parti, et le bénévole créancier d'Hégésippe Moreau restera probablement anonyme. Quand le temps sera clément et que nous serons de loisir, en revenant d'Angleterre ou d'Italie, nous irons en pèlerinage au quai des Ormes. Les bouquins y sont encore, si le bouquiniste a dis-

LES ÉTALAGISTES DU JOUR.

paru. Nous parlerons à son successeur, — son fils, peut-être, — et il nous apprendra son nom... Mais la vie est courte, et le quai des Ormes est bien loin !

Quand nous aurons parlé des trois bouquinistes qui ont été délégués par leurs collègues pour arrêter les conditions du banquet Marmier, nous aurons tout dit sur les étalagistes du jour. En dehors de Corroenne, déjà cité, représentant le quai Voltaire, les délégués étaient pour le quai Malaquais Dubosq, neveu, Lefournier, successeur du père Malorey, pour le quai Conti et enfin pour le quai Malaquais M. Ferroud, un Savoyard modeste, aimable et sans pose, qualités qui ferait douter de sa fraternité avec le libraire du boulevard Saint-Germain, homme tout en dehors, à la faconde satisfaite et méridionale, qui, toujours accablé de son génie commercial, vante ses coups de fortune en affaires de librairie, ses chefs-d'œuvre en édition et qui, bon garçon au demeurant, marche vivant dans son rêve étoilé.

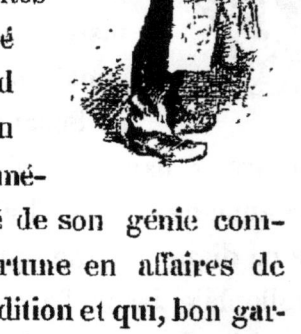

Un vrai type, celui-là, de Gascon savoyard qui eût été drôle à voir dans cette galerie des quais.

Rappelons encore le père Rosselin, l'homme à la blouse et aux lunettes bleues, le plus vieux des étalagistes contemporains et qui figure déjà parmi nos bouquinistes de la vieille roche dans le précédent chapitre.

Nous n'avons rien dit à dessein jusqu'ici, nous cantonnant dans les livres, des étalagistes divers des quais Malaquais, Conti et des Grands-Augustins, qui exposent des médailles, des lunettes, des bronzes et des menus bibelots, non plus de ceux qui déploient spécialement des estampes et des chansons.

Ce n'est pas que ces négociants ne soient intéressants et dignes de remarques, mais, comme dit l'Auvergnat, « ça tient de la place » et parler d'eux nécessiterait au moins quelques pages.

Un médailliste.

Le vendeur de lunettes et d'instruments d'optique du quai Malaquais est bien caractéristique et mériterait certainement un léger croquis, ainsi que le médailliste qui règne un peu plus haut, du côté de l'hôtel de la Monnaie ; mais le bouquin n'a rien à voir avec eux. C'est pourquoi nous préférons, en terminant, ne pas omettre d'évoquer la figure pittoresque du brave A. Tisserand, fabricant de cartonnages, boîtes-brochures, cartons à fermetures de caoutchouc, à cordons et à boucles.

Étalagiste au quai Malaquais, en face des Beaux-Arts, Tisserand ne fait défaut à ses chères boîtes qu'au moment des étrennes pour aller cultiver sur les grands boulevards, en une baraque Collet, la clientèle qui ignore les douces promenades des quais.

Son étalage est toujours propre et éclatant ; il serait difficile de trouver ailleurs une plus grande et plus brillante profusion de cartons à dessins variés et richement recouverts de cuirs mordorés et originaux du Japon, cartons à dessin, à copie, à notes, de tous les tons, de tous les formats et dispositions, avec des coins de toile et des petits caoutchoucs d'angle très ingénieux.

Un marchand de lunettes.

Depuis onze années, Tisserand est connu sur les quais par les artistes des Beaux-Arts, les étudiants, les bibliographes et les collectionneurs.

Nous pouvons donc le saluer au passage, à la fin de cette galerie de nos *Étalagistes du jour* encore bien incomplète à notre gré.

Nombreux sont ceux dont nous n'avons point parlé, nous appliquant à ne présenter que les types de quelque originalité, car nous n'avons pas, au début de ce chapitre, manifesté la pensée de fournir ici le *Bottin des Bouquinistes*. — PAUCI SED ELECTI a été notre devise.

BOUQUINEURS ET BOUQUINEUSES

Caractères et Physionomies

BOUQUINEURS ET BOUQUINEUSES

CARACTÈRES ET PHYSIONOMIES

A chasse est l'image de la guerre. — Voilà une de ces phrases que les plus honnêtes gens répètent à l'occasion sans scrupule ni remords, et qui, tout bien pesé, rendent les plus grands services dans le commerce social, puisqu'elles tiennent lieu des idées absentes et donnent à ceux qui n'ont rien à dire de quoi parler. — Battre les guérets aux trousses d'un chien qui flaire une caille, se tapir à l'affût pour fusiller des lapins à leur toilette, n'a cependant que de lointains rapports avec le déploiement en tirailleurs ou la charge à l'arme blanche. Le noble passe-temps de courre le lièvre même ne fait qu'imparfaitement comprendre com-

ment nos soldats comprennent la stratégie européenne ou même coloniale. Nous connaissons d'enragés chasseurs, la terreur du gibier, qui feraient piètre mine sous un képi de colonel : tout au plus leur expérience de la chasse au blaireau leur eût-elle été de quelque secours au temps où d'illustres hommes de guerre enfumaient des innocents et fatalistes Arabes comme des porcs dans leurs gourbis.

Mais si la chasse a des analogies de moins en moins étroites avec ce que nos galants ancêtres appelaient les « jeux de Mars », elle se transforme en mille manières pour se glisser au cœur de l'homme et le dominer. Point de passion plus souple, plus insinuante, plus insatiable et plus universelle. Chacun de nous porte en soi le germe d'un Nemrod, qui se développe souvent dans un sens inattendu. Un ami — de nos plus chers — professe un souverain dédain pour la poursuite du gibier, qu'il n'aime prendre que dans un plat, dûment faisandé et cuit à point ; mais il parcourt les prairies, longe les fossés et les haies, se perd dans les bois, à la chasse des rêves, des paysages et des... champignons. Il viole les clôtures, franchit les murs, saute les ruisseaux, en quête de mousserons, de cèpes et d'oronges, en vue de perspectives et de riants ombrages frissonnants sur l'azur. Il devine surtout les lieux où croissent les bonnes cryptogames, cachées dans l'herbe ou sous les feuilles ; il les flaire avant de les voir, et, du plus loin qu'il les aperçoit, il reconnaît à l'aspect général, au port, à la teinte, si, sous les faux semblants d'une comestibilité alléchante, quelque bolet hypocrite ne recèle pas un mortel venin. Le minéralogiste et son marteau, le botaniste et sa boîte en cylindre, l'entomologiste avec ses épingles et son filet, sont peut-être des savants, mais ils sont à coup sûr des chasseurs. Et ceux qui courent après la fortune aux heures où il serait tellement plus sain de l'attendre dans son lit, les habitués du jeu, par exemple, que font-ils autre chose qu'une chasse à la chance? les amoureux, une chasse à la femme; les comédiens, une chasse au succès; les avides et les avares, une chasse à l'or; les policiers, une chasse à l'homme? Et tous, en un mot, une chasse aux émotions?

Eh bien, de toutes ces poursuites passionnées, il n'en est pas qui soit plus troublante, plus angoissante de déceptions et d'espoirs, plus intellectuellement absorbante, plus obstinée dans l'insuccès, plus insatiable dans le triomphe, plus riche en joies nobles, saines et pures que la chasse au bouquin. Ces joies ont été célébrées sur le mode lyrique trop de fois pour que nous soyons tenté d'entonner à notre tour un dithyrambe et de pindariser à la suite. Mais nous pouvons bien dire que, noblesse, salubrité et pureté à part, les joies du bouquineur ne le cèdent à nulle autre en variété et en intensité. La volupté physique n'en est point absente : feuilleter un livre longtemps convoité, manier une trouvaille imprévue, caresser une reliure, épousseter des tranches, sont autant de jouissances exquises où la main n'a pas moins de part que l'œil. Le bouquineur qui serre sous son bras un livre récemment acquis ressent l'extase et l'orgueil de la possession : si la lassitude ou le dégoût viennent, ils mettront longtemps à venir. Nous passons sous silence les plaisirs d'ordre vraiment intellectuel : ils sont à la mesure, non pas des mérites du bouquin, mais principalement du cerveau du bouquineur.

Depuis des siècles, on a pu le voir dans les brèves digressions de nos *Prolégomènes historiques,* les quais ont été le terrain favori de ces chasseurs au flair subtil, aigu et de sang ardent. Sans doute, comme tous les territoires de chasse, celui-ci n'est pas devenu plus giboyeux avec le temps ; les belles pièces en ont disparu, à de rares exceptions près, et, parmi ce qui reste, il y a plus de moineaux que de perdrix. Ce phénomène de dépeuplement et d'extinction d'espèces a des causes multiples sur lesquelles il faudra revenir plus loin. Dès 1866, M. Johannis Guigard en signalait une dans un article du *Bibliophile français*, intitulé *les Boîtes à quatre sols*[1] : « Aujourd'hui, disait-il, tout bouquiniste bien appris est armé de son Brunet, de son Quérard et de son Barbier... Le moindre volume, la plus petite plaquette, le plus léger follicule est connu ; sa valeur vénale même est cotée dans les catalogues. » Et il ajoutait avec raison : « C'est désespérant ! »

Il n'est jamais bon néanmoins de désespérer, fût-on réduit à l'éternel espoir. En fait, s'il n'est pas possible aujourd'hui de trouver dans les « boîtes à quatre sols » des quais les livres rares et précieux que l'excellent, mais peut-être fallacieux, Fontaine de Resbecq prétend y avoir trouvés, il n'est pas rare d'exhumer de ces mêmes boîtes et des autres — car les « quatre sols » ne doivent se prendre que comme une généralisation littéraire — des choses curieuses, peu communes, douées de toutes les qualités, sans en excepter le bas prix, qui peuvent contenter un collectionneur.

Le bon et charmant Banville aimait à présenter au

---

[1]. Tiré à part à 50 exemplaires. — Paris, Bachelin-Deflorenne, 1866, br. gr. in-8°.

public friand de ses chroniques un grand poète jeune et pauvre, qui déjeunait au hasard de la fourchette et se constituait une bibliothèque de tous les chefs-d'œuvre de toutes les littératures par des acquisitions judicieuses et répétées dans la modeste boîte à deux sous. Voilà M. de Resbecq enfoncé! Il est vrai qu'il ne s'agissait ni de premières éditions, ni d'exemplaires rares. Mais enfin il n'y a, dans le type créé par le bonhomme Banville, d'autre exagération que cet indéfinissable soufflé de poésie grâce auquel heureusement le réel se transfigure en idéal.

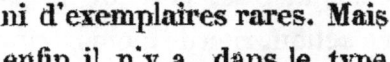

Un bouquiniste, qui a mis à notre service son expérience de la vie des quais, divise les bouquineurs en trois grandes catégories : 1° les habitués, qui ne manquent pas plus leur promenade quotidienne devant les boîtes qu'un chasseur d'Afrique en garnison ne manque son absinthe avant de dîner; — 2° les irréguliers, que leurs occupations, leur domicile éloigné, leurs habitudes retiennent ailleurs, mais qui, lorsque le hasard les amène sur les quais, ressentent à examiner rapidement les étalages un plaisir d'autant plus vif qu'il est plus rare et plus court; — 3° enfin les simples passants, à qui tant de livres alignés arrachent un regard, distrait d'abord, intéressé ensuite, et qui éveille bientôt en eux la tentation d'acheter.

C'est pour ceux-ci surtout que le marchand de bouquins doit déployer toutes les ressources de sa finesse d'étalagiste. — Bien faire un étalage, c'est faire de la psychologie en action, rien de moins. Dans l'espèce, il faut être au fait non seulement des différences dans la position sociale et le degré d'éducation des personnes qui passent journellement sur les quais, mais encore prévoir leur tournure d'esprit et leur état d'âme. — Les volumes neufs à brillantes couvertures jaunes, frais encore, bien fournis de pages et compacts de texte,  attireront les ouvrières sentimentales, les petits employés, les cuisinières, les demi-bourgeoises et autres successeurs des campagnards de Boileau :

> ... Grands liseurs de romans.

Les livres favorisés de titres à sensation, avec figure en couleur, posés à plat, rompront heureusement la monotonie des files de dos jaunes et rendront l'ensemble plus alléchant.

La Clef des songes, le *Langage des fleurs*, le *Secrétaire des amants*, *l'Oracle des dames*, en éditions nouvelles et populaires, aux brochures bariolées de couleurs criardes, sont des raccrocheurs assez sûrs. Trottins, saute-ruisseau, patronnets, bonnes d'enfants et soldats s'y arrêtent, et, à moins que le volume déjà coupé ne puisse se consulter facilement sur place, trouvent souvent au fond de leur poche quelques sous pour l'acheter. *La Cuisinière bourgeoise* a aussi pour les paisibles ménagères des vertus attractives qu'il ne serait pas sage de négliger.

Les collections démodées, La Harpe, Buffon, *l'Encyclopédie*, les œuvres de Voltaire et de Jean-Jacques, excitent sans doute encore l'ambition de l'immarcessible Joseph Prudhomme, qui songe à garnir d'une bibliothèque solennelle le pan de mur libre de sa salle à manger, pour faire pendant à quelque monumental buffet, ou qui médite un cadeau utile à son rejeton dès qu'il sera bachelier. C'est leur ultime ressource.

Les cartonnages rouges et bleus, ruisselants de dorures, fascinent les petits garçons et les petites filles, qui, de leurs menottes doucement cramponnantes, y tirent les papas et les mamans, dont la résistance à les rendre heureux est d'ordinaire assez médiocre, pour peu qu'ils promettent une fois de plus d'être « bien sages ».

Ils attirent également les mitrons, les voyous flâneurs et les braves petits télégraphistes, toujours si empressés à ne point porter aux destinataires leurs *petits bleus* parisiens.

Quelques ouvrages à gravures, ouverts au bon endroit, ainsi que de vieux livres sous leur couverture primitive en parchemin et diverses publications d'art, sont mis en vedette pour arrêter l'érudit, l'artiste, l'homme du monde qui, d'aventure, passe par là. Il a suffi à plusieurs d'être ainsi happés au passage par un livre intéressant pour prendre goût à la bouquinerie et devenir, par la suite, de véritables clients assidus.

Si l'étalagiste a des lots spéciaux, sur le droit, par exemple, ou sur quelqu'une des sciences spéciales, ou en langues étrangères, il réunit généralement tous ces ouvrages ensemble; ce qui facilite l'exploration et épargne le temps de l'amateur, multipliant d'autant les chances de vente de l'intelligent bouquiniste.

Les livres de piété : imitations, psautiers, catéchismes, heures, offices, bréviaires, étrennes spirituelles, *pensez-y bien*, méditations et prières ont aussi leur boîte à part. Le professeur ecclésiastique désireux de récompenser un bon élève, la mère économe qui cherche un livre de **première communion** pour sa fille, le mari qui, ayant promis un paroissien à sa femme, n'est pas fâché de tenir sa parole avec soixante pour cent de rabais, le séminariste, la bonne sœur, la vieille dévote, le prêtre de passage qui ne peut renouveler son bréviaire que dans les prix doux, y trouvent de quoi se satisfaire.

De même pour les livres classiques. Le marchand les range par catégories : grammaires, mathématiques, auteurs grecs, latins, allemands, anglais. Quelques bouquinistes s'en font une spécialité, surtout dans le voisinage de la place Saint-Michel. C'est dans leurs boîtes que fouillent le potache en quête d'un « juxta-linéaire » ou d'un « corrigé »; l'étudiant pauvre, pion ou boursier de Faculté, qui consulte les éditions savantes dans les bibliothèques, mais a besoin d'avoir sous la main et à lui les textes prescrits par les programmes d'examen; — le père de famille dont les fils en grandissant coûtent davantage, et qui lutte avec héroïsme pour maintenir l'équilibre instable de son budget; — le chef d'institution ou le professeur libre, qui se chargent de fournir les livres à leurs élèves et s'ingénient à gratter sur la fourniture. Clientèle périodique, changeante, renouvelable, hétéroclite et amusante, mais en somme toujours la même, comme types, comme ressources pécuniaires et comme besoins.

Les femmes qui ont l'occasion de passer sur les quais — en petit nombre, d'ailleurs, car on traverse les quais, mais on ne les longe pas — jettent volontiers un coup d'œil sur les étalages, et ne dédaignent pas de toucher les livres du bout de leurs doigts gantés. Les bouquinistes ne les aiment guère. Ils leur reprochent de manier les volumes d'une seule main, de les ouvrir mal, de ne jamais les remettre en place, de les feuilleter longtemps sans se décider à aucun achat, et si, par hasard, elles en désirent un, de le marchander comme elles feraient d'une langouste ou d'un poulet. Elles ont des renseignements à demander à propos de rien, des réflexions renversantes à faire, des questions saugrenues à poser. Nous entendions l'une d'elles, montrant le volume dépareillé d'un roman jadis publié chez Bossange, demander au marchand s'il lui fournirait le second volume dès qu'il aurait paru. Une autre insistera pour obtenir l'avant-dernier numéro du *Journal des demoiselles*. Une dame d'un certain âge, de mise et d'allures sérieuses, descendue de son coupé pour marcher un peu sur le quai et suivie de son valet de pied, voyant, certain jour, un exemplaire d'*Au bonheur des dames* dans une boîte, faisait appeler l'étalagiste pour s'enquérir s'il n'avait pas le même ouvrage par M. Georges Ohnet. Il ne l'avait pas : elle le regretta fort, et, majestueusement remonta dans sa voiture, tandis que le brave homme s'inclinait très bas pour dissimuler de son mieux son esclaffement invincible.

Les marchands ne sont pas tous de cette humeur facile et joviale. Il en est de grognons, de grincheux, de franchement mysogines, qui ne se gênent guère pour cacher aux bouquineuses d'occasion le peu de cas qu'ils font d'elles ni leur agacement. Ils marchent sur leurs talons, les dépassent en les heurtant, se plantent carrément devant elles, leur allongeant sous le nez un bras peu élégant pour replacer, ou déplacer, le volume qu'elles viennent d'ouvrir et accompagnant ces gestes non équivoques d'apartés à demi distincts, mais à coup sûr pas flatteurs et parfois même grossiers.

A ce propos, il faut reconnaître, pour être juste envers tous, que certains bouquinistes ont une jalousie de rangement qu'ils devraient bien modérer. Un amateur n'a pas achevé d'explorer une boîte, dont il n'examine pas un seul livre sans le remettre scrupuleusement en place, que le marchand est à ses côtés, reprenant les volumes, les époussetant de sa manche, les alignant dans un nouvel ordre, avec l'air de les purifier d'une souillure. Nous doutons que le manège soit adroit ; mais il est, on peut le dire, fort énervant et inutilement vexatoire.

Depuis que les femmes savantes sont sorties de la comédie pour envahir la société, la clientèle féminine des bouquinistes s'est augmentée d'un type nouveau dont les principales *représentantes* sont l'étudiante et la professeuse. De celle-ci, qui a conquis ses grades, licenciée, agrégée, pourvue d'une chaire dans un lycée de filles, nous ne dirons rien ; elle n'apparaît sur les quais qu'à de longs intervalles et se confond volontiers avec l'affreux bas bleu : chez l'une comme chez l'autre, la sécheresse et le pédantisme s'accentuent avec l'âge ; l'une et l'autre parcourent très bien et très vite tout un livre à l'étalage, accaparant la boîte où elles se sont installées, prenant même des notes sur leur lecture, puis jetant le livre négligemment et s'éloignant toujours sans rien acheter, procédé encombrant, bien qu'ingénieux et commode.

L'étudiante ou candidate, qui suit les cours et demeure au quartier Latin, est de rencontre plus fréquente. Elle a déjà les manières de ses aînées et s'en fait d'autant moins scrupule qu'elle y trouve un réel profit. Elle vient là repasser une question, étudier un problème, apprendre une formule, chercher une définition. Elle a son but, et s'inquiète peu de l'intérêt d'autrui du moment qu'elle travaille dans le sien. — Elle achèterait si elle avait de l'argent, car elle aime les livres; mais elle n'en a pas! Alors que veut-on qu'elle fasse, sinon se servir des facilités de l'étalage? Et elle s'en sert, jusqu'à l'abus.

De là à fourrer le livre utile dans sa poche ou sous son manteau, il n'y a, pour la logique féminine, qu'une distance relativement très courte, et quelques-unes de ces demoiselles la franchissent hardiment. Nous les retrouverons dans le chapitre spécial des voleurs de livres. D'autres — puisque nous en sommes aux exceptions — s'accommodent d'un moyen terme et cherchent — pour se faire donner ce qu'elles ne peuvent payer — à suggestionner la galanterie de leur voisin. Nous trouvons, dans un petit livre de morale pratique et familière, une anecdote caractéristique sur ce sujet du *levage* au bouquin.

« Un jour de juin, dit l'auteur, notre ami B.-H. Gausseron, je furetais dans les boîtes des bouquinistes, le long des quais. Je m'aperçus bientôt de la présence persistante d'une jeune femme qui, tantôt me dépassant, tantôt se laissant dépasser, fouillait d'une main fébrile les mêmes casiers que moi. Elle appela l'étalagiste. « N'avez-vous pas la géométrie
« de... et la physique de...? » Elle nommait deux auteurs de manuels pour les examens de l'Hôtel de Ville, qui, tout illustres qu'ils puissent être parmi nos jeunes étudiantes, me sont absolument inconnus. — L'homme secoua la tête et s'éloigna. « J'aime
« autant ça! reprit la jeune fille à voix haute en se
« tournant vers moi. Je n'ai pas le sou pour les
« acheter. Je ne serai pas encore prête pour l'examen.
« Quelle vie! » Je l'interrogeai. Elle était dans une pension, à Billancourt, sous-maîtresse, au pair, c'est-à-dire pour la nourriture et le logement. Elle n'avait pas son brevet, bien qu'elle ne fût plus très jeune, et elle en avait absolument besoin pour améliorer sa position. Mais elle était trop loin et trop occupée pour suivre les cours publics, et elle n'avait pas d'argent pour acheter des livres. Elle ne trouverait donc personne qui la sortît de là!... Pour le moment, elle allait chez une amie, qui était dans ses meubles, à deux pas, rue de Sèvres, où elle était comme chez

elle, et où elle passait l'après-midi, quand elle était libre, le dimanche ou le jeudi. Je la saluai gravement, en lui faisant observer que l'après-midi était déjà fort avancé et qu'il fallait qu'elle se hâtât. Ses yeux eurent un moment d'expression bizarre, une légère et fugitive rougeur lui monta aux paupières, et elle sauta sur la chaussée, pour disparaître bientôt sous les guichets de l'Institut, de cette allure de frégate en croisière qui a toujours l'air de remorquer une prise [1]. »

C'est le cas de placer ici, à la façon de Balzac, un axiome affirmatif ou plutôt un aphorisme absolu :

L'élégante ne bouquine jamais.

L'aversion que le bouquiniste a pour la robe ne s'arrête pas à la femme ; elle va jusqu'au prêtre. A leur dire, ceux-ci sont des tâtillons, pris à la fois de désirs et de scrupules ; si quelque livre profane les tente, ils sauvent leur âme de ce démon en faisant appel à un autre démon plus crochu : l'avarice ; ils marchandent sans vergogne, offrent un prix dérisoire, et se mettent ainsi dans l'impossibilité de pécher par concupiscence d'intellect. Peut-être n'augmentent-ils pas

---

1. B.-H. Gausseron, *Que faire de nos filles ?* — Paris, Librairie illustrée ; 1 vol. in-18.

beaucoup leur avoir sur le grand-livre du Paradis, car ils font véritablement damner les marchands; du moins ces derniers nous l'affirment.

Quant à ceux qui ne rêvent pas d'acquisitions à faire rougir leur soutane, il est encore parfois possible de faire af-

faire avec eux, les livres qu'ils choisissent étant généralement des « rossignols, » que le bouquiniste est toujours heureux d'envoyer chanter dans une autre cage, à n'importe quel prix, tels certains livres cités dans la *Gallia christiana*, agréables à liquider.

Parmi les clients de passage, le monsieur bien mis et décoré est particulièrement redoutable. Personne ne discute avec plus d'acharnement et moins de raison le prix d'un livre que le correct *gentleman* qui, pour payer, sort un louis d'un porte-monnaie chargé d'or et de monnaie blanche, d'où cet autre aphorisme qu'on ne reniera pas : *Parmi les bouquineurs, les plus râleux sont les plus riches.*

Les irréguliers sont, pour la plupart, des fonctionnaires, des employés, parfois de riches bibliophiles, férus de la velléité passagère de faire par eux-mêmes la besogne d'écrémage que quelque libraire des passages ou des boulevards a l'habitude — et la commission — de faire généralement pour eux.

Tout leur est bon : estampes, musique, pièces de théâtre, littérature courante, études techniques, ouvrages sur les beaux-arts, vieilles éditions d'auteurs classiques, incunables et livres galants. Je veux dire que chacune de ces catégories d'ouvrages peut, à un moment donné, trouver parmi eux des amateurs sérieux, des accapareurs zélés.

La tournée sur les quais équivaut pour ceux-ci à l'école buissonnière. Ils fouillent, palpent, manient, examinent, s'en donnent à cœur joie. Ce n'est plus guère que sur eux qu'il faut compter pour écouler les elzévirs fatigués ou rognés, les Sambix, les Marteaux, les bouquins quelconques marqués de la Sphère ou de l'ancre à Dauphin des Aldes, ou de l'arbre des Estiennes, les Gryphes, les Plantins, les Cazins douteux ou tarés, les in-quarto de Cramoisy et les in-12 de Barbin ; tout ce qui, en un mot, constitue la bibliophilie d'avant-hier les trouble encore, les extasie et leur fait parfois acheter de forts lots.

Mais s'ils ont les vieux goûts, ils ont aussi les vieilles traditions. Ils sont ce qu'on appelle « durs à la détente », offrent tout d'abord au marchand la moitié de son prix, et se défendent sou par sou. Le riche lui-même, qui vient faire débauche aux quais, marchande et lésine sans vergogne, convaincu qu'il serait volé s'il donnait là cent sous du même ouvrage qu'un grand libraire lui ferait payer au moins un louis sans admettre le moindre débat.

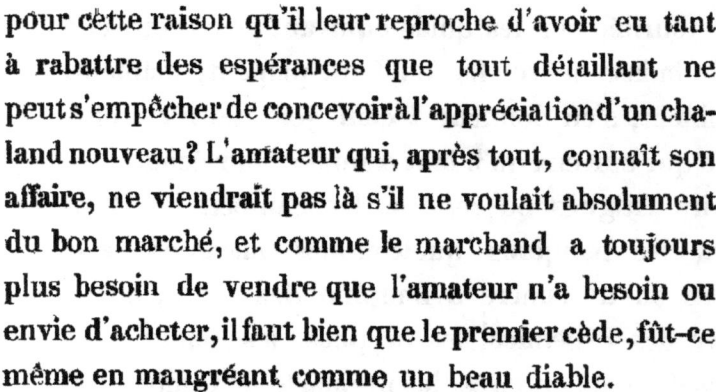

Ce sont des clients précieux, car ils emportent dans la circulation bien des livres qui, sans eux, s'immobiliseraient au fond des boîtes. Cependant, le bouquiniste ne les aime pas et s'en plaint volontiers. Ne serait-ce que pour cette raison qu'il leur reproche d'avoir eu tant à rabattre des espérances que tout détaillant ne peut s'empêcher de concevoir à l'appréciation d'un chaland nouveau? L'amateur qui, après tout, connaît son affaire, ne viendrait pas là s'il ne voulait absolument du bon marché, et comme le marchand a toujours plus besoin de vendre que l'amateur n'a besoin ou envie d'acheter, il faut bien que le premier cède, fût-ce même en maugréant comme un beau diable.

C'est dans la catégorie des réguliers que les types se dessinent le mieux, c'est parmi eux qu'on peut remarquer, étudier et connaître tous les originaux.

Le bouquineur assidu, tel qu'on en voyait bon nombre autrefois qui n'auraient pas laissé passer un jour sans faire leur visite des boîtes à heure fixe, devient de plus en plus rare. La vie moderne, surchauffée et surmenée, n'admet guère la périodicité régulière des loisirs. On n'est pas libre souvent, et il  est très difficile de l'être deux ou trois jours de suite au même endroit et à la même heure. — D'un autre côté, le bibliophile ou bibliomane qui poursuit une série, l'homme d'études qui recherche des matériaux et des documents, s'accommodent mal de l'invasion sur les quais de la « bouquinaille », c'est-à-dire des livres modernes, sans valeur et sans intérêt, qui, chaque jour, s'échouent plus nombreux et en bancs compacts dans les boîtes. Ils ne se dérangent plus guère que de loin en loin, sachant que les livres anciens ne se renouvellent pas souvent sur les parapets, et qu'il suffit d'une visite par semaine pour se tenir au courant des arrivages nouveaux. On les voit apparaître encore assez sûrement le lendemain d'une bonne vente d'amateur ou de libraire. Ils espèrent trouver à l'un ou à l'autre des étalages quelques substantielles épaves, des lots nourris, qu'ils fouilleront avec une joie d'autant plus vive qu'elle a moins souvent l'occasion de se manifester. Mais, pour une de ces aubaines, combien de fois se seront-ils promenés mélancoliquement au-dessus des rives de la Seine, lamentables hérons se montant le cou, qui n'ont même pas le droit de dédaigner un limaçon, puisqu'ils ne le trouvent point à portée d'appétit !

C'est un sort, si l'on peut dire, synallagmatique. Les amateurs espacent leurs visites en raison de la rareté des livres qui seraient dignes qu'on se dérangeât pour eux ; les marchands, de leur côté, hésitent à étaler les meilleurs lots qui leur échoient aux ventes, les « parties de livres » intéressantes qu'ils acquièrent parfois, en raison de la rareté des visites de l'amateur. Nombreux, naguère, étaient les bouquinistes qui, lorsque le hasard leur envoyait de bons livres, mettaient une vraie coquetterie à en remplir des boîtes spéciales, à l'intention de tel ou tel acheteur, qu'ils connaissaient bien, et sur le passage duquel ils pouvaient compter. Mais cette régularité de canon du Palais-Royal n'est plus de mise, et les déconvenues ont dégoûté la plupart des marchands. Les livres traînent, se couvrent de poussière, se racornissent au soleil, se tachent à l'humidité, se fatiguent et se cornent sous les doigts des passants ; si bien que le véritable amateur, quand enfin il se présente, n'en veut plus, vu leur déplorable état. Il n'est pas étonnant que, dans ces conditions, le bouquiniste laisse généralement les livres dans sa resserre, dont les libraires en boutique et en renom ont depuis longtemps appris le chemin. C'est là que se traite assez souvent, le matin, la vente du dessus du panier des occasions les meilleures.

De plus en plus, le bibliophile bouquine chez lui, au coin de son feu, en parcourant les catalogues des libraires; et le bouquiniste, se désintéressant du bouquin curieux qu'on ne lui demande plus guère ou qu'on ne veut plus lui payer son prix, descend trop souvent au rôle de soldeur de rossignols et de fripier de la littérature courante.

Le mal n'est, toutefois, ni universel, ni irrémédiable. Les vieux livres abondent toujours sur les quais, et il reste encore un bon nombre de gens avisés qui, outre le plaisir de la recherche, savent y trouver de quoi se convaincre qu'ils n'y perdent pas absolument leur temps.

La tradition n'est point interrompue, et les bibliophiles d'aujourd'hui ne dédaignent pas plus que leurs devanciers — s'ils en jouissent moins — une flânerie d'après-midi devant les boîtes, d'où il est bien rare qu'ils n'extraient pas quelques volumes — point très précieux, sans doute — mais de nature à servir à leurs études ou à enrichir, si peu que ce soit, leur collection.

C'est en pensant à ceux-ci que, naguère, Amédée Pommier, dans *Paris,* œuvre humoristique, a enclos les très mauvais vers que voici sur les bouquinistes du temps, c'est-à-dire vers 1865 :

> En dehors des bibliothèques,
> Il a les parapets des quais,
> Où souvent d'élégants keepsakes,
> De crasseux bouquins sont flanqués.
> Féru de bibliomanie,
> Malgré sa poche peu garnie,
> A son aise, il prend, il manie
> Tous ces volumes de hasard.
> Il ouvre et lit même en cachette
> Tel livre édité par Hachette,
> Et bien que jamais il n'achète,
> De nous autres il prend sa part.

Sans remonter au delà de l'époque contemporaine, les bouquinistes des quais ont eu pour tributaires tous les hommes qui ont aimé le livre ou qui ont su en tirer parti. Est-il besoin de nommer Charles Nodier, Jules Janin, Sainte-Beuve, Gustave Planche, qui vendit plus qu'il n'acheta, Mürger, au bras de Colline, les deux Nisard, Asselineau, l'inventeur des romantiques, et enfin Hippolyte Rigault, qui a écrit ces lignes faites pour remuer le cœur de tous les habitués des quais :

« L'amour des vieux livres, humbles, mal reliés, qu'on achète pour peu de chose et qu'on revendrait pour rien, voilà la vraie passion, sincère, sans artifice, où n'entrent ni le calcul, ni l'affectation. C'est un bon sentiment que ce culte de l'esprit et ce respect touchant pour les monuments les plus délabrés de la

pensée humaine; c'est un bon sentiment que cette vénération pour ces livres d'autrefois qu'ont connue nos pères. qui ont peut-être été leurs amis, leurs confidents... On compte ses prisonniers avec un air vainqueur, on les range un par un sur de modestes rayons; ils seront aimés, choyés, dorlotés, malgré leur indigence, comme s'ils étaient vêtus d'or et de soie. »

Tant qu'il y aura des gens pour penser ainsi, les étalages des parapets ne manqueront pas de chalands. C'est pour eux, esprits cultivés jusqu'au raffinement, cœurs naïfs et subtils, que

Le quai Voltaire est un véritable musée.
En plein soleil,...

le long duquel

On bouquine. On revoit sous la poudre des temps
Tous les chers oubliés; et parfois, ô surprise!
Le volume de vers que l'on fit à vingt ans[1].

Un de ces amis des vieux bouquins, qui était aussi l'ami des bouquinistes, car tous ceux qui l'approchèrent l'ont aimé, a laissé tout le long des quais et bien au delà du pont Saint-Michel, des regrets dont la tradition perpétuera sûrement l'attendrissant sou-

---

[1]. Gabriel Marc, *Sonnets parisiens*.

venir. On le reconnaîtra à ce portrait qu'en traçait *népotiquement* un poète [1] dans ses *Rimes bouquinières;* nous voulons nommer le Bibliophile Jacob :

> Il s'en va l'œil au guet, comme un bon chien de chasse,
> Le long des quais Conti, Voltaire et Malaquais,
> Flairant tous les bouquins, inspectant les paquets
> De livres noirs, poudreux et mordorés de crasse.
>
> Il a de beaux cheveux bouclés et l'air bonasse ;
> Des auteurs vieils et neufs il sait les sobriquets,
> Mais préfère Restif et les minois coquets
> Des Fanchettes pieds fins aux muses du Parnasse.
>
> Il est des Amateurs un des plus compétents,
> Un des plus vieux peut-être : on dit qu'il a cent ans...
> On croit qu'il en a vingt quand on voit comme il file.
>
> Il a fait des romans, des vers, plus d'un journal,
> Son cerveau de science est tout un arsenal ;
> C'est notre maître à tous, c'est le *Bibliophile*...

Peu de temps avant sa mort, Paul Lacroix nous montrait, dans les greniers de l'Arsenal où il entassait sa bibliothèque particulière, des paquets de livres encore ficelés, sa dernière récolte, apportée la veille par les marchands, aux étalages desquels il l'avait cueillie, et qui gisait là sur le plancher, attendant qu'il eût le loisir de l'examiner et de la classer. Il est permis de supposer que ces bottes de livres sont restées telles que nous les vîmes alors et que leurs vendeurs ont pu les racheter à la vente du bibliophile

---

1. Maurice du Seigneur, *le Conseiller du bibliophile*, 1876.

Jacob, nouées des mêmes ficelles qu'ils avaient fournies. Mais les bouquinistes n'ont point retrouvé un seul acheteur aussi convaincu pour combler la place laissée vide par le Bibliophile Jacob. Il possédait la plus étonnante collection de romans du XVIIIe siècle et de la période impériale, et sans cesse il l'augmentait. Ces in-douze, habillés de veau sale, de basane graisseuse ou d'ais en carton gris, n'étaient recherchés que par lui; sa disparition leur a enlevé toute valeur. Il achetait aussi les collections de journaux littéraires de la première moitié de ce siècle; et il avait bien raison, car il y a là des mines inépuisables et presque inexploitées par le bibliographe et le curieux. Quoi qu'il en soit, nous ne croyons pas qu'il ait un successeur dans la recherche de ces documents, où le fatras se mêle à l'utile en grosse proportion, et qui sont terriblement encombrants.

Parmi les bouquineurs pittoresques, nous avons connu, il y a déjà douze ou quinze ans, un type curieux, à tenue très originale, qui recherchait les gravures et qu'en raison de son feutre à grands bords, de son large col rabattu à la façon du XVIe siècle, les marchands avaient surnommé le *père Rembrandt*; il était sans cesse sur le quai, marchand d'un pas actif et très affairé. Qu'est donc devenu ce dernier excentrique, qui était la joie de nos regards?

Il nous est impossible de ne pas saluer d'un souvenir les grands bouquineurs disparus qui ont été célèbres il y a plus de cinquante ans et dont la renommée est venue jusqu'à nous, tel le fameux Parison, nommé à bon titre le *Roi des bouquineurs;* ce fut à lui qu'il arriva un jour de dénicher sur le quai, moyennant dix-neuf sous, une édition de *Jules César* de Plantin (1570, in-8°), terminée par un portrait de cet empereur, autographe certain de Montaigne. — Ce livre fut vendu 1,500 francs. Une belle aubaine !

D'autres bouquineurs estimés furent Chardon de La Rochette, Van Praet, Alexandre Barbier, le marquis de Méjanes, Heber Tenurb, Quatremère et surtout M. C.-M. Pillet, qui poussait la rage des bouquins si loin qu'il se privait de nourriture et de vêtements pour pouvoir disposer de tout ce qu'il possédait en faveur des déshérités des quais. — Il en amassa jusqu'à sa mort tant et tant que son logis en craquait et, selon ses dernières volontés, il fallut, pour transporter sa collection chez les Jésuites de Chambéry, des chargements successifs de voitures de roulage à plusieurs chevaux, le nombre de ses livres étant inestimable !

Et Boulard ! Boulard, le plus grand acheteur de bouquins du siècle, Boulard, l'ancien notaire dont la physionomie et la mémoire sont inoubliables ! Celui-ci fut le bouquinomane le plus absolu. Il acheta des livres au mètre, à la toise, au stère ! Il en acheta au détail, en bloc, à la hotte et au tas; son salon, ses vestibules, ses greniers, ses escaliers, ses chambres à coucher, ses cabinets croulaient sous le poids des volumes, à telle enseigne qu'un spirituel bibliophile, qui signait C.-H.-J., fit au lendemain de sa mort une pièce de vers digne de survivre à son auteur et que voici :

> Feu Boulard possédait au faubourg Saint-Germain
> Un hôtel confortable et d'un produit honnête,
> Qu'il laissait en mourant comblé jusques au faîte
> De livres au hasard acquis de toute main.
>
> Notre homme le matin commençait sa tournée,
> Et rapportait chez lui, plusieurs fois la journée,
> Les produits de sa chasse empilés sous son bras,
> Dans des poches exprès faites pour cet usage;
> Gouffres traditionnels où les plus gros formats,
> Les massifs in-quarto trouveraient leur passage.
> Bientôt il eut rempli tout le premier étage
> De ses hôtes poudreux : salle à manger, salons;
> Cabinets, corridors, regorgeaient de rayons;
> Il fallut émigrer plus haut; le locataire
> Du second eut congé. Notre propriétaire,
> Fut à peine installé dans son nouveau logis
> Qu'il était encombré de nouveaux favoris.
> Pendant six mois, réduit à la portion congrue
> Maître Boulard, à moins de coucher dans la rue,
> N'avait pu lâcher bride à son goût encombrant;
> Désormais possesseur d'un vaste appartement,
> En homme qui s'était privé du nécessaire,
> Plein d'une ardeur nouvelle il se donna carrière.
> Il nettoya les quais, dépouilla les auvents,
> Mit l'épicier à sec... Bref, au bout de trois ans,
> Il fermait le second et montait au troisième.

> Rien ne troublait la paix de sa maison : lui-même
> Du calme sanctuaire hôte silencieux,
> Avec recueillement il adorait ses dieux.
> Dans ce temple rempli d'innombrables fétiches,
> L'araignée ourdissait les toiles les plus riches ;
> Les mites effrangeaient les tentures ; les rats
> Y mettaient le couvert pour leurs quatre repas.
> Leur riche pourvoyeur, amphitryon aimable,
> Ne leur disputait pas les restes de sa table.
> L'âge n'avait en rien apaisé ses ardeurs ;
> Trente mille bouquins peuplaient sa nécropole ;
> S'il eût fallu payer à Caron son obole,
> Il eût cédé la place à cet envahisseur,
> Et, faute d'un réduit à son heure dernière,
> Il eût enfin rendu l'âme dans la gouttière.

Le bibliophile-poète achève enfin sa pièce d'une façon exquise :

> Tel bijou, qui n'était chez Boulard qu'un bouquin,
> Aujourd'hui par mes soins, vêtu de maroquin,
> Triomphe au premier rang dans ma petite église.
> *Pauci sed electi,* telle est notre devise ;
> Mais ces amis de choix, pendant plus de vingt ans
> Ont flotté sur les quais, battu des quatre vents,
> Avant qu'on leur ouvrît nos petites chapelles ;
> Bien des cœurs étaient sourds, bien des esprits rebelles !
> L'héroïque vieillard, en ces jours de langueur,
> Dédaignant noblement les critiques frivoles,
> Ouvrit son panthéon à nos chères idoles
> Et pour nous le sauver se fit conservateur.

Ce n'était pas 30,000 volumes qu'avait réunis Boulard, mais 300,000. Nodier l'appelait *le vénérable Boulard.* Nous avons acheté par curiosité son catalogue, qui, bien qu'imprimé menu, est immense.

Boulard (Antoine-Marie-Henri) mourut à Paris, le 6 mai 1825, âgé de soixante et onze ans ; il a traduit de l'anglais divers ouvrages du moins signalés par Quérard. Ce bouquinomane était un érudit. Grâce à sa boulimie bouquinière, son nom vivra éternellement.

Les gros acheteurs par lots sont encore fréquents sur les quais, et les bouquinistes aiment assez rencontrer des toqués qui ont une passion encyclopédique, ou dont la curiosité englobe au moins toute une catégorie de livres faciles à découvrir.

C'est pour une raison analogue que le général Francis Pittié, qui joua les Brugère à l'Élysée sous le président Grévy, emporta également les regrets unanimes de ses fournisseurs ordinaires, la denrée dont il était friand étant d'un placement si rare qu'oncques personne n'en voulut depuis. Il achetait indifféremment tout ce qui paraissait ou avait paru en vers français. Sa bibliothèque, qui était la plus complète peut-être en ce genre, a été après sa mort livrée au vent des enchères. Ses héritiers se débarrassèrent des livres, mais ils n'en furent pas plus riches pour cela. On vit une fois de plus en cette occasion que la poésie, hélas! n'est que viande creuse.

Parmi les bouquineurs récemment disparus, il faut nommer : M. Chantelauze, le bibliographe de De Retz, qu'on appelait familièrement *le cardinal*. — Chantelauze passa sa vie sur les quais de Paris à rechercher les classiques Didot, Renouard, Lefèvre, etc., en grand papier et en parfait état ; Champfleury, qui achetait les estampes, les caricatures, les livrets populaires imprimés à Troyes, à Épinal, à Rouen, à Lille, etc., a laissé des émules, car plus d'un bouquiniste n'hésite pas à mettre dans la boîte à vingt sous des impressions de Tiger sales et délabrées; — Feuillet de Conches, qui chassait surtout à l'autographe; — Michel Chasles, qui recherchait les vieux livres de mathématiques et les ouvrages des savants arabes, tout en mordant à ces fameux autographes qui devaient lui réserver de si cruelles déceptions. — Voir *l'Immortel*, de Daudet.

Il y a quelques années, tous les bouquinistes reconnaissaient un client modèle, dont la disparition n'a pas été sans troubler quelques-uns d'entre eux. C'était M. Captier, riche négociant, fournisseur du drap pour l'armée. Tous les jours invariablement, vers cinq heures, il faisait, monocle à l'œil, sa tournée bibliographique. Son éclectisme et sa connaissance de la littérature contemporaine faisaient de lui l'acheteur désigné, et, hélas! presque unique — on l'a vu depuis — pour les exemplaires en première édition et avec envois d'auteurs des ouvrages d'où le talent n'est pas tout à fait absent. Il achetait encore, à un bon prix, les manuscrits et les autographes qu'un bienheureux hasard avait pu faire tomber entre les mains du marchand. Il disparut subitement après l'affaire du Comptoir d'escompte. A peu près ruiné, nous dit-on, il a vendu tous ses livres, et, dans sa peur héroïque de la tentation, il a désormais renoncé aux quais, même comme but de promenade.

Au premier rang des bouquineurs toujours fidèles, il fallait, hier encore, placer Xavier Marmier. Sa spécialité, hors de laquelle il faisait, en sa qualité de voyageur, de fréquentes et lointaines excursions, était les livres en langues étrangères, depuis l'italien jusqu'aux langues du Nord, les contes populaires et tout ce qu'on appelle aujourd'hui du nom de *folklore*. Les seuls livres qu'il n'aimât pas à trouver dans la boîte d'un bouquiniste étaient justement ceux qu'il achetait avec le plus d'empressement : lui qui savait, par une expérience si prolongée, combien d'excellents ouvrages se trouvent sur les parapets, il ne pouvait souffrir qu'un des siens y traînât. Il faisait, ardemment et continûment, la râfle des Marmiers, et tels étaient la sympathie et le respect dont on l'entourait, que nul ne tenta jamais d'exploiter cette vaniteuse, mais inoffensive manie, en exagérant les prix ou en achetant çà et là, pour les lui faire racheter, les œuvres du bon bouquineur, lesquelles ne sont pas rares dans la librairie d'occasion. Le bouquinage était pour cet académicien tellement une fonction que ses vêtements y étaient appropriés : il pouvait enfouir des ballots de livres dans ses poches, nombreuses et profondes comme des sacs. On ne lui connaît pas, d'ailleurs, d'autre ressemblance avec le remarquable bibliomane de *la Vie de bohême*. D'une courtoisie galante, où revivaient les meilleures traditions de l'ancien régime, Xavier Marmier n'oubliait jamais, après un marché, d'offrir une cigarette au bouquiniste, ou, si celui-ci était du genre féminin, de tirer de sa poche une bonbonnière en la priant d'y puiser une pastille de chocolat.

XAVIER MARMIER
(Silhouette 1883).

Les anecdotes abondent déjà sur cet aimable lettré; on en ferait une respectable collection de **Marmicrana**. En voici une ou deux, comme avant-goût :

L'été dernier, M. Marmier acheta deux sous un livre qui semblait l'intéresser fort : il alla, pour le feuilleter après acquisition, s'asseoir sur la chaise de l'étalagiste, en lui offrant d'en « griller une ». Un instant après, il lui disait : « Ah! mon ami, vous ne sauriez croire le plaisir que j'éprouve ; voilà dix ans que je cherchais cet ouvrage » ; et il mit une pièce de cinq francs dans la main du marchand ahuri.

Une autre fois, il venait d'acheter à un prix infime

un livre sans importance qu'il jugeait utile à ses travaux, lorsque la pluie survenant l'oblige à se réfugier à la terrasse d'un café voisin. Il demande un verre de lait et se met à examiner son volume. En le feuilletant, il s'arrête à deux pages collées, les sépare et découvre un billet de cent francs, — cachette de quelque bibliophile. A ce moment, il entend distinctement dans la conversation de ses voisins ces mots si tristes : « Demain, le terme à payer! Ma femme et mes enfants sur le pavé... Je vais solder tout le bazar. Je n'ai fait aujourd'hui que six sous que m'a donnés un monsieur décoré, et la journée est finie..., devant la pluie, adieu le commerce! » — Le monsieur décoré, Marmier devine que c'est lui; l'homme qui gémit à la table voisine, c'est le bouquiniste qui lui a vendu le livre où il vient de faire une trouvaille invraisemblable. L'académicien se lève, prend la main du marchand et y glisse le billet de cent francs.

— « Tenez, mon ami, lui dit-il, vous aviez oublié cela dans le volume que je vous ai acheté; je vous le rends! »

Enfin, il a mis dans son testament une clause qui mérite d'être rapportée tout au long : « En souvenir des heureux moments que j'ai passés au milieu des bouquinistes des quais de la rive gauche, moments que je compte parmi les plus agréablement mouvementés de mon existence, je lègue à ces braves étalagistes une somme de 1,000 francs. Je désire que cette somme soit employée par ces bons et honnêtes commerçants, qui sont au nombre de cinquante environ, à se payer un joyeux dîner et à passer une heure pleine d'entrain en pensant à moi. Ce sera mon remerciement pour les nombreuses heures que j'ai vécues intellectuellement dans mes promenades presque quotidiennes sur les quais, allant du pont Royal au pont Saint-Michel. »

C'est comme cela qu'on devient légendaire. Avant qu'il ne soit entré tout à fait dans ce brouillard glorieux, il est bon de bien fixer ses traits. — Un fin lettré, fils de libraire et devenu bouquineur, l'a fait avec une délicatesse et un esprit qui nous découragent de recommencer : « M. Marmier, dit-il [1], portait dans sa passion pour les livres la modestie et la discrétion qui lui étaient naturelles. Je ne pense pas qu'il ait jamais souffert de la médiocrité de sa fortune, qui le mettait hors d'état de disputer aux fastueux bibliophiles du monde financier les éditions rares et les reliures historiques. La conversation d'un livre obscur, dédaigné et mal vêtu, mais ingénieux ou docte, suffisait au contentement de son âme... Sa bibliothèque me sembla faite à son image. C'était, si j'en jugeai bien, une honnête et riante Babel, où, dans toutes les langues du monde, il n'était parlé que de douce poésie, de contes populaires, des usages et des mœurs divers des hommes. Un bibliophile maintenant oublié, mais que M. Marmier avait bien connu, M. de Labédoyère, s'était fâché de ce qu'on eût mis

1. Anatole France.

dans un journal qu'il pratiquait l'art de coiffer les livres. On entendait par là qu'il mettait un petit chapeau de papier sur la tranche supérieure de chaque tome, et c'est là, sans doute, un soin très innocent. M. de Labédoyère avait tort de croire qu'on pût lui en faire un grief. Je sais bien que je n'offenserai pas la mémoire de M. Marmier en disant qu'il s'exerçait au *remboîtage*... Quand il trouvait dans quelque bouquinerie un livre richement relié et tout à fait indigne de son beau vêtement, il en faisait emplette pour le dévêtir et pour recouvrir de sa dépouille de maroquin quelque ouvrage plus estimable et moins favorisé par la fortune. Sans doute l'habit ne s'ajustait pas toujours avec une exactitude parfaite à son nouveau possesseur et n'en serrait pas les formes d'assez près... Mais l'injure du sort était autant que possible réparée, et M. Marmier faisait acte de savant et d'homme juste. J'ai reconnu, sur ses tablettes, quelques-uns de ces Bernard l'Ermite de la bibliophilie. Ils n'avaient point mauvais air, dans leur coquille empruntée, et la ville de Pontarlier, à qui M. Marmier a légué sa bibliothèque, peut s'enorgueillir de ce don filial. Je l'ai rencontré bien des fois sur les quais, penché sur les boîtes des bouquinistes, l'œil vif encore, et c'était une heureuse rencontre que celle de ce vieillard qui, par le visage, ressemblait à Mérimée avec plus de douceur, et dont la bouche ne s'ouvrait que pour des paroles dont la finesse relevait la bienveillance. »

L'écrivain qui a signé ces lignes Anatole Thibaud, connu sous le nom d'Anatole France, est lui-même, par race et par goût, un très délicat bibliophile, qui connaît à fond les quais de Paris. Il y est né et il y a passé sa première jeunesse, au milieu des livres ; c'est pourquoi il sympathise plus vivement que personne avec leurs tenanciers. C'est là qu'il s'est appris à aimer les lettres, les humbles et les obscurs, et les honnêtes aux âmes naïves, et il aurait pu revendiquer au nom de son père une place à ce banquet dans lequel un bouquineur a voulu que les bouquinistes fêtassent joyeusement sa mémoire.

Qu'est devenu M. Fontaine, avocat et chasseur de livres? Il appartenait à la génération de Xavier Marmier, et s'il plaida jamais, ce fut vers 1830. Il avait conservé le costume de cette époque romantique, et aussi la belle ardeur de discussion, la facilité à l'*emballement*, cette noble faculté de se passionner et de s'enthousiasmer qui fait sourire les sceptiques du temps présent. Il collectionnait surtout les éditions anciennes des classiques français. De Boileau seul il possédait au moins soixante éditions. Homme enviable entre tous, puisqu'il avait su, si simplement et si pratiquement, composer et limiter son bonheur.

Il n'est pas donné à tout le monde de jouir de ce

calme dans la possession. Il en est, comme le comte de Toustain, pour qui tout livre acheté perd son charme, et qui passent leur vie à revendre à un bouquiniste ce qu'ils viennent d'acquérir chez un autre, ou à faire des trocs compliqués dont ils sont mécontents dès qu'ils sont conclus. Cette espèce d'amateurs est précieuse pour les libraires, car chaque transaction laisse un bénéfice appréciable à ceux-ci.

Que de goûts divers dans cette poursuite unique du papier imprimé ! — M. Mouton-Duvernet ne collectionne que les brochures du XVIIIe siècle; encore ne veut-il pas qu'elles aient plus d'une feuille d'impression; trois ou quatre pages l'enchantent; huit pages lui arrachent un geste las, et quand les seize pages in-octavo y sont, il pousse un soupir et se fait violence pour acheter.

Un autre, ancien conseiller municipal, M. Delzant, est, à sa façon, chercheur de pierre philosophale et abstracteur de quintessence. Il achète tout ce qui, en prose ou en vers, a pour sujet le bonheur. Quand il aura tout acheté, ce mystère, où s'est heurté M. Sully-Prudhomme après tant d'autres, n'aura évidemment plus rien de caché pour lui. Mais il n'a pas tout acheté, et à l'ardeur qu'il y met, il paraît bien que la poursuite durera longtemps. En attendant, il marchande ferme, et lorsqu'il a obtenu un rabais de cinq à dix sous, il sent un avant-goût de ce bonheur absolu, dont il cherche la définition.

Un célibataire — nous ne savons à qui il a fait ses confidences, mais tout le monde, sur les quais, le connaît sous le nom du « vieux garçon », — toujours tiré à quatre épingles, ce qui fait l'éloge de sa gouvernante, et coiffé d'un chapeau haut de forme à larges bords, marque d'un esprit indépendant dans la science ou dans les arts, ne demande jamais le prix d'un volume avant de l'avoir soigneusement collationné. Et quand il appelle le marchand, il ne manque  pas de lui dire tout d'abord : « Vous savez que tel feuillet est corné, qu'il y a une déchirure à tel autre, une tache à telle page, une piqûre d'humidité dans telles marges », et il compte là-dessus pour emporter le livre à plus bas prix. Ce n'est pas un mauvais calcul : le marchand, généralement très honnête, et qui ne se rend qu'imparfaitement compte de l'état de chacun de ses bouquins, est ému de ces critiques aussi précises que sincères, et cède le plus souvent, à meilleur compte qu'il ne pensait le faire.

Voici le curé misère — mine sordide, barbe de

huit jours, soutane efflloquée et tournant au rouge, bas crasseux dans des souliers éculés. — Tous les jours, il passe le long du parapet, récoltant des brochures et des volumes de théologie et de polémique religieuse, dont les plus chers ne lui coûtent que quelques sous. Il arrive que, dans son désir de se débarrasser de choses invendables, le marchand lui offre des opuscules cléricaux, *Miracles de la Salette*, *Apparition de Notre-Dame de Lourdes*, élucubrations de M. Henri Lasserre ou de Mgr de Ségur. Rien n'est unique comme sa grimace, alors! — « C'est de la bigoterie, marmonne-t-il, ce n'est pas sérieux. » Et il rejette aussitôt le bouquin d'un geste véhément d'impatience et de mépris.

M. du Désert collectionne les livres grivois et les chansons, avec ou sans musique. Il est de la vieille école et ne craint pas d'acheter un exemplaire laid ou imparfait d'un ouvrage qui lui manque. Il le remplacera, si quelque jour le hasard lui fait faire une meilleure trouvaille; mais il est de ceux qui, sans dédaigner les grives, savent, à leur défaut, manger des merles. Il a, du reste, des compétiteurs nombreux. Quel est le bibliophile qui ne se sent pas en éveil et en désir devant un récit polisson du xviiie siècle, ou un chansonnier propre et grand de marges? Cantonné dans sa spécialité, il a bien raison de ramasser tout ce qui s'y rapporte; car, avec un peu de patience et de peine, on arrive, avec deux ou trois exemplaires mauvais, à en faire un bon.

Il en est de même des amateurs d'almanachs, de recueils littéraires, de livres de beautés et de keepsakes. Les exemplaires bien couverts et parfaitement conservés de ces sortes de publications atteignent des prix élevés et ne se trouvent guère que chez les libraires dont la clientèle est riche. Mais il s'en égare bon nombre, d'allure modeste et d'aspect médiocre, sur les quais. C'est là que le bouquineur avisé les récolte, accumulant les doubles, se complétant et s'améliorant sans cesse et parvenant à se composer des collections intéressantes par leur continuité et la bonne tenue de leur ensemble.

Je suis bien sûr que ce procédé n'est pas inconnu à M. de Spoëlberg de Lovenjoul, et qu'il l'a mis plus d'une fois en pratique à Paris, Bruxelles et autres lieux pour arriver à réunir la presque totalité de ce qui a été publié dans ce genre.

Qui devinerait la spécialité de Gustave Droz, le célèbre et charmant auteur de *Monsieur, madame et bébé,* qui habite du reste sur le quai Voltaire? La relation du procès de Jacques de Molay lui fait battre le cœur; aucun roman ne le touche comme *Ivanhoë*, et il ne pardonne à Philippe le Bel que parce que. « sans ses bûchers, la littérature serait infiniment moins riche en **ouvrages sur les chevaliers du Temple** ». Nous l'avertissons qu'il a des rivaux en Angleterre, et que certains libraires du Royaume-Uni ne publient pas un catalogue sans avoir plusieurs articles à mettre sur la rubrique : *Templars*.

Tous les jours, entre une heure et deux, un haut fonctionnaire du ministère des finances, M. Humbert, fait une tournée, d'où il rentre bien rarement les mains vides. Son champ est fertile, en effet, et de ceux où, en toute saison, il est facile de glaner. Il achète indistinctement tout ce qui concerne Paris, livres, gravures, musique, journaux, chansons, biographies, portraits, etc. Cet émule de notre ami Paul Lacombe a publié une Bibliographie parisienne très remarquable. Les acquisitions de chaque jour lui montrent combien il est impossible d'être complet dans un tel travail. Sa collection, qui grossit sans cesse, mériterait d'éviter le sort de tant de superbes bibliothèques sur Paris, qui se dispersent aux enchères comme une cendre sèche au vent. Elle a sa place marquée à l'hôtel Carnavalet, cénotaphe véritablement digne d'elle.

L'auteur troublant d'*A rebours* et de *Là-bas*, M. J.-K. Huysmans, est un bouquineur assidu. On ne s'étonnera pas qu'il recherche surtout les ouvrages sur le mysticisme et l'occultisme, les livres de sorcellerie, les règles d'ordres religieux, les monographies sur les cloches et la musique sacrée. Un autre écrivain, M. Henri Céard, fouille les cartons de gravures, pour y découvrir des pièces sur Paris ou des portraits de Zola qui auraient échappé à son attention au moment de leur apparition. La curiosité iconographique ne se limite, sans doute, pas là, et d'autres contemporains en ont leur part ; mais la série seule des Zola doit être infiniment curieuse par les modifications nombreuses et avatars divers d'un même type.

Parmi les modernes bouquineurs il faudrait citer tout le Paris littéraire, Claretie revenant de l'Académie et Georges Monval se rendant à ses archives du Théâtre-Français ; Maurice Tourneux, le bibliographe de la Révolution ; puis le bon poète philosophe Raoul Ponchon, qui, en rusé bibliophile, connaît les boîtes dans les bons coins adore boire de l'air et se griser de lumière en furetant le long des parapets ; Bouchor, quelquefois bouquinaille, mais sans réelle conviction ; de Goncourt parfois furète dans les casiers en quête de document imprévu. Citons Coppée, Pailleron, Sully-Prudhomme... Mais si nous avions la prétention de donner les noms de tous ceux qui bouquinent parmi les hommes de lettres, les médecins, les artistes peintres ou sculpteurs et même les comédiens, il nous faudrait prendre plus d'un quart de ceux qui sont inscrits au Bottin de la célébrité. Ce sont de perpétuels étonnements pour nous d'apprendre chaque jour la passion bouquinière de quelque illustration que rien ne semblait désigner pour la vocation du livre. Qu'on sache bien une chose : « Il y a encore infiniment plus d'illustres bouquineurs qu'il n'y a chaque jour de boîtes sur les quais ! »

A Champfleury a succédé, dans la recherche des caricatures, M. John Grand-Carteret. Les notes que divers bouquinistes nous donnent sur son compte ne sont point à son avantage. Son âpreté dans le marchandage et le ton cassant qu'il y met l'ont rendu, sur les quais, paraît-il, le contraire de populaire. Il n'en continue pas moins d'y venir faire sa cueillette avec intérêt, quitte à ne pas s'arrêter aux étalages des marchands rancuneux et par trop hérissés, en quoi il a raison.

A tous les bons bouquinistes nous recommandons de ne pas négliger de mettre en lieu apparent les grandes éditions latines en beaux et larges caractères, bien encadrés de grandes marges, sur beau papier, particulièrement celles de l'Italien Boldoni, de l'Anglais Baskerville ou du Français Pierre Didot. Ce ne sont plus, il est vrai, des livres à la mode ; mais le poète Jean Richepin, ainsi que beaucoup d'autres du reste, en est friand, et, de temps en temps, il vient tenter la fortune sur cette rive gauche qu'il n'a pas cessé d'aimer. Que le livre soit extérieurement délabré, cela ne le rebutera pas. Ce qui lui importe, c'est l'état du texte : il sait ce qui peut se cacher de noble et d'excellent sous des loques de gueux et sous des haillons de ravalés du destin.

A cette revue déjà longue et qui ne saurait être complète, parce que, dans son renouvellement et son accroissement perpétuels, elle est, par nature, interminable, nous ajouterons un brave médecin de Passy, le docteur Nicolas, plus curieux d'exhumer, le long des quais, les vieilles planches d'anatomie ou de chirurgie, et d'examiner les vieilles éditions de Boerhaave, de Mead, de Joubert et d'Alexis Piémontois, que d'aller voir des malades et d'augmenter sa clientèle. — Quelle prudence admirable !

Comme il était Normand, et qu'il aimait encore mieux le cidre et les pommiers, il a quitté Paris l'été dernier, emportant, avec ses caisses de gravures et de bouquins, les regrets des rares clients qui eurent la chance d'être soignés par cet homme sage, puisant le bonheur à deux sources, par ce médecin instruit, à la fois candide et avisé, qui ne croyait pas à la médecine et qui ne s'en cachait pas.

A côté du client amateur, il y a, sur le marché,

le client professionnel, libraire ou chineur. Grâce à cette catégorie, le commerce des quais serait prospère, si les achats étaient plus faciles et plus nombreux. Le libraire se spécialise généralement : tel n'achète que les livres sur le théâtre et la littérature romantique, comme M. Léon Sapin de la rue Bonaparte, qui y ajoute les autographes et les affiches ; tels autres, les livres de droit, comme les libraires du quartier de la Sorbonne qui font leur tournée le dimanche ; d'autres achèteront les classiques, comme M. Gibert, ou bien les livres de piété, comme MM. Bache et Tralin ou M. Estoup. Il n'y a pas très longtemps encore, M. Dorbon, de la rue de Seine, faisait quotidiennement sa tournée, accompagnée de Mme Dorbon, et se rendait acquéreur de tout ce qui peut avoir une petite valeur sur un catalogue. La mort de sa femme a mis fin à ses excursions sur les quais, si appréciées des étalagistes.

Les chineurs, dont l'industrie consiste à ramasser dans les boîtes des livres vendables aux libraires et sur lesquels il y a un bénéfice possible à réaliser, ne se limitent pas, d'ordinaire, à une spécialité : ils prennent donc tout, littérature, droit, médecine, histoire naturelle, et le reste.

Les chineurs étaient naguère, et sont peut-être encore, au nombre de trois. Le plus curieux se nomme Guffroy. Il explore depuis vingt-cinq ans les quais ; exploration lucrative, qui lui procure une existence agréable. Personne ne flaire mieux que lui le livre rare ou épuisé, il est au courant de toutes les branches de la bibliographie, y compris les productions les plus récentes de la littérature moderniste. Il connaît tous ceux qui, parmi les libraires, sont des acheteurs sérieux, capables d'apprécier les services qu'il leur rend en centralisant à leur profit tout ce qui leur échapperait. Aussi vend-il toujours ses trouvailles au maximum de leur valeur.

M. Philippeaux, qui fut jadis libraire, se livre au même genre de commerce. Très bon connaisseur pour les ouvrages romantiques et les livres « curieux », il est loin d'être à la hauteur de Guffroy pour l'universalité de la science bibliographique.

Le troisième chineur se nomme Morel. C'est un ancien bouquiniste du quai Conti, qui a pour spécialités le droit et la médecine. D'une prudence inspirée, disent les étalagistes, par l'avarice, il préfère souvent perdre la chance d'un bénéfice de plusieurs francs plutôt que de payer un livre quelques centimes au-dessus du prix qu'il a fixé. On ne le connaît, tout le long du quai, que sous le nom de *Chipoteau.* Les bouquinistes sont unanimes à déclarer que ce surnom vient de ses habitudes exagérées de marchandage et de sa mesquinerie en affaires.

Lui, en donne une explication plus amusante, sinon plus vraie. Chipoteau ne serait que la corruption de Chapoteau, nom d'un marchand de bric-à-brac, mort il y a quelques années. C'était un habitué de l'Hôtel des ventes, où sa figure grimaçante et son allure auvergnate étaient bien connues. Un jour que Morel assistait à une vente où le commissaire-priseur avait grand'peine à obtenir le silence, le facétieux chineur provoqua une recrudescence de bruit en grimpant sur une armoire. Le commissaire-priseur, qui ignorait la mort du marchand de bric-à-brac et qui ne supposait pas qu'un homme si laid pût avoir un ménechme, apostropha vivement le perturbateur. — « Monsieur Chapoteau, s'écria-t-il, je vais vous faire expulser. »

— La méprise parut à la fois si naturelle et si cocasse que, dès lors, tout le monde appela Morel : Chapoteau, puis, suivant la tendance des sobriquets à être des signalements : Chipoteau.

C'est ainsi que naissent les symboles.

Il faut arrêter ici ce chapitre sur les bouquineurs, qui ne saurait prétendre à être complet. Nous l'avons écrit sans nous préoccuper de tout ce que nos prédécesseurs, tels que Jules Janin, Nodier, P.-Lacroix (Jacob), ont écrit d'amusant ou de curieux sur ce sujet, aussi vaste que n'importe quelle autre étude de passion humaine et peut-être plus abondant en anecdotes pittoresques. Les livres spéciaux qui succèdent à d'autres livres analogues ne sont utiles que s'ils offrent des notes nouvelles ou bien ouvrent des perspectives originales. Dans cette monographie des quais de Paris, nous nous appliquons à bavarder de notre mieux sur une question familière, mais nous avons conscience d'oublier nombre de bouquineurs surtout parmi les humbles, tels quelques cochers de station de fiacre voisine, chez lesquels quelque goût du bouquin prospère, nous dit-on, par contagion directe, ou bien encore d'anciennes sages-femmes sur le retour douées, paraît-il, de quelque flair! — Mais qui ne sut se borner, ignora l'art du livre. Passons aux bouquineurs kleptomanes, autrement dit aux voleurs de bouquins. — Toutefois, en conclusion, citons cette jolie description des joies bouquinières.

« Il faut avoir, dit un bibliophile, goûté le plaisir de bouquiner, pour le connaître, pour lui rendre grâce, comme à un génie bienfaisant et consolateur. — Si ce plaisir n'était pas plus doux et plus fidèle que tous les autres, plus fort de ses émotions diverses, plus favorable aux organisations tendres et pensives, plus réel, plus vrai, plus matériel, verrait-on des jeunes gens s'y livrer avec emportement, des hommes de talent et d'esprit s'y plaire sans cesse, des riches et des puissants s'y délecter de préférence à tous les jeux de la puissance, à tous les hochets de la richesse!

« Verrait-on des sybarites, esclaves de leurs sens et des impressions extérieures, quitter le coin du feu en hiver, le frais ombrage des tilleuls en été, pour aller, par le chaud ou par le froid, par la bise ou par le brouillard, aspirer des odeurs nauséabondes de bouquins et reposer leurs yeux sur des pages crasseuses, enfumées, empestées de tabac et pestilentielles? »

N'avait-il pas raison, le cher Paul Lacroix, lorsqu'il écrivit : « Si l'on me demande quel est l'homme le plus heureux, je répondrai : *Un bibliophile,* en admettant que ce soit un homme. D'où il résulte que le bonheur c'est un bouquin. »

LES VOLEURS DE LIVRES

Notes et observations

LES VOLEURS DE LIVRES

NOTES ET OBSERVATIONS

ous pensons que le progrès est chose recommandable, nous ajouterons même enviable pour n'être point accusé de favoriser la réaction.

Mais que dans le progrès tout soit profit, on aurait singulièrement tort de le croire. — Il y a toujours un peu de déchet, le plus souvent énormément.

C'est ainsi que nous nous sommes réjoui, avec tous les bouquinistes des quais, de l'autorisation qu'ils ont obtenue de fixer leurs étalages à demeure sur les parapets. Cependant cet avantage n'est non plus qu'aucun autre, sans quelque inconvénient.

Il arrive que, pendant la nuit, des boîtes sont forcées et leur contenu enlevé par des cambrioleurs, qui ne respectent pas plus le domicile des vieux bouquins qu'une simple chambre de cuisinière. On a dévalisé les kiosques de journaux, les échoppes de savetiers, les baraques du Jour de l'an, les troncs des églises, les petites charrettes des marchandes des quatre saisons, les distributeurs automatiques, les réduits que l'édilité pratique dans l'épaisseur des trottoirs pour remiser les outils de balayeurs ; il n'est pas jusqu'aux « chalets de nécessité » qui ne soient mis à sac par des gens pour qui le pillage n'a pas d'odeur. — Il serait bien étonnant que les boîtes des bouquinistes fussent, pour les écumeurs parisiens, privilégiées, respectées ou sacrées.

Les marchands, qui sont gens de bon sens et philosophes de nature, n'ignoraient pas à quoi ils s'exposaient en laissant leurs marchandises sur les quais. Ils ne s'en sont pas inquiétés outre mesure, se contentant de bien doubler leurs boîtes, de les assujettir à de solides barres de fer, de les fermer avec de gros cadenas, et, pour le reste, ils s'en sont sagement remis à la grâce de Dieu et à la vigilance des sergents de ville.

« Le dommage que nous causent ces vols, nous disait l'un d'eux, ne peut jamais être bien grand. Les effractions ne peuvent se faire que rarement, par une nuit plus noire que d'ordinaire, ou à la faveur d'un défaut momentané de surveillance, lorsque, par exemple un accident ou un crime survenu aux environs occupera l'attention des gardiens de la paix. Elles ne se font, par suite, que sur des points isolés. Les voleurs n'ont pas le temps de visiter beaucoup de boîtes; ils ne sauraient, sous peine de se faire prendre au premier coin de rue, se charger d'un grand nombre de volumes; à moins que l'honnête dieu Mercure ne les guide par la main, ils ont vingt fois moins de chances de briser une boîte de livres à deux ou trois francs qu'une boîte de livres à dix ou quinze sous, ou même à moins. Si bien que ces vols, tout en affectant désagréablement le marchand qui en est la victime, ne constituent, par rapport à l'ensemble des étalagistes, qu'un préjudice peu appréciable, amplement compensé par la diminution des dépenses et du travail qui résulte de l'établissement des étalages à demeure. Ajoutons que, la plupart du temps, les voleurs n'emportent qu'un butin de valeur infime, et qu'en raison des peines qu'ils se donnent et des risques qu'ils courent, ils ont le droit de se croire volés eux-mêmes.

« Je suis bien convaincu, ajoutait non sans humeur notre bouquiniste, que c'est un coup qu'on ne recommence pas deux fois. C'est dur, c'est dangereux, et ça ne paie pas vraiment le *turbin* qu'on se donne. »

En somme, le *burglar* n'a d'autre intérêt à voler avec effraction les bouquinistes des quais, que celui de s'entretenir la main. Et comme les occasions ne lui manquent pas de s'exercer avec plus d'honneur

— tout est relatif — et de profit, il dédaigne généralement ce sport par trop anodin.

C'est avec d'autres ennemis, moins effrayants, mais plus redoutables, que les étalagistes ont à compter. Ceux-là opèrent en plein jour, dans le bruit et la foule des passants. De vulgaires filous, qui font un livre comme d'autres, leurs confrères, feraient un mouchoir ou une montre à la tire, sont, par la fréquence de leurs rapines et la difficulté de les réprimer, plus préjudiciables aux négociants du parapet, que tous les bandits des carrières d'Amérique et autres lieux bien hantés. C'est pendant le jour qu'il faut ouvrir l'œil : la physionomie, la logique et la prudence s'accordent à le proclamer. Mais les bouquinistes sont souvent des fantaisistes, et tels d'entre eux qui viendraient très bien la nuit, au moindre soupçon, faire la ronde avec un gourdin sous le bras et un revolver dans la poche, considèrent la surveillance diurne comme une superfluité qui frise l'absurde, car, enfin, quand on veille, c'est pendant la nuit, mais le jour ! à quoi bon !

Aussi font-ils la partie belle aux voleurs. Les uns, rares, admettons-le, mais en assez grand nombre pour que leur absence soit remarquable, — passent les trois quarts du jour chez le marchand de vin plus ou moins en face, faisant de loin en loin quelque rapide apparition devant leurs boîtes, entre deux tournées sur le comptoir. D'autres, à demi étendus sur un banc ou à cheval sur leur chaise, tournent le dos à leur étalage et battent leur poitrine de leur menton, jouissant le plus longtemps qu'ils peuvent de la richesse et du bonheur, car la fortune et les joies, qui viennent pendant qu'on dort, disparaissent vite d'ordinaire au premier réveil. — D'autres enfin

ont une passion malheureuse pour la lecture et s'y absorbent au point de ne rien voir ni entendre de ce qui se passe autour d'eux. Je ne parle pas des bavards qui, plutôt que de perdre un argument ou d'interrompre une « bonne histoire », laisseraient tout s'effondrer autour d'eux. Les plus vigilants, d'ailleurs, ont leurs instants de distraction et d'oubli, et le rôdeur, *quærens librum quem devoret,* a vite fait d'en profiter. Ces dernières victimes sont les plus touchantes, parce qu'elles sont les plus sensibles : rien ne crève le cœur, en effet, comme d'être escroqué quand on est défiant. Mais le filou n'en a cure ; il y trouve, au contraire, l'excitation vaniteuse de la difficulté vaincue et du danger bravé.

« Si j'avais à peindre l'animal qu'on appelle le Paresseux, s'écrie Thomas Nash, je jure, par saint Jean l'évangéliste, que je le représenterais sous les traits d'un marchand de livres que je connais, le pouce sous la ceinture, et qui, si quelqu'un vient à son étalage lui demander un volume, ne bouge point la tête ni ne regarde son client, mais reste comme une pierre, sans dire un mot, et se contente d'indiquer du petit doigt, derrière lui, son garçon, qui doit être l'interprète de son silence et de son inertie; et ainsi, tout le long du jour, bâillant sans bruit comme une image, il reste assis, immobile, hors aux heures où il va dîner ou souper, car alors il devient actif pour trois, puisqu'il mange six fois par jour [1]. »

Ne connaissez-vous point un ou plusieurs originaux vivants dignes d'être mis en parallèle avec ce portrait d'un libraire anglais à la fin du XVIe siècle?
— Voilà bien de quoi faire triompher les partisans des métempsycoses.

Il nous est arrivé plus d'une fois d'être obligé de laisser à l'étalage un livre dont nous avions envie, parce qu'en dépit de nos gestes et de nos appels, personne ne se présentait pour nous en dire le prix et en recevoir l'argent. D'autres fois, après avoir vainement attendu en demandant le marchand à grands cris, le désir a été plus fort que les scrupules, nous avons bel et bien pris le livre, en déposant

---

[1]. Thomas Nash. Pierce Penilesse; 1592.

à sa place laissée vide les quelques sous auxquels l'étiquette de sa boîte le cotait.

Dans ces conditions, le vol est vraiment trop facile et la négligence des marchands n'est pas seulement funeste à leurs intérêts; elle est aussi la corruptrice des consciences débiles et des moralités malsaines.

Voici un amateur, un monsieur correct et bien mis, qui achète à l'occasion, et qui arrive avec deux ou trois volumes sous le bras. Il s'arrête devant un étalage, pose sa petite pile de bouquins sur le coin d'une boîte, manie longuement et examine minutieusement plusieurs ouvrages, ne se décide pour aucun, reprend ses volumes et s'en va. Mais il emporte en même temps le livre le plus intéressant de la  boîte, qu'il a eu soin de mêler aux deux ou trois qu'il avait déjà. — Que peut faire le marchand? Il le soupçonne depuis longtemps et espère qu'un jour il le pincera en flagrant délit. Mais le gaillard est bien trop malin, il attend que l'attention de l'étalagiste soit détournée par un autre client, ou par un confrère en quête de monnaie, d'une allumette ou d'une pipe de tabac, et il opère à coup sûr. Courir après lui quand il s'éloigne, et le mettre en demeure de justifier de l'acquisition des livres qu'il emporte? Le procédé est vif et peut, s'il y a eu méprise ou doute, tourner à la confusion du bouquiniste. Or il ne peut guère ne pas y avoir doute : serait-il prouvé qu'un livre non payé est au milieu des autres, le fripon arguera d'une erreur, d'une inadvertance ; ce volume s'est glissé parmi les siens sans qu'il sache trop comment ; il avait cru le remettre dans la boîte et s'il se trouve sous son bras, c'est bien par hasard et à son insu. — Comment démontrer sa mauvaise foi ?

Ce *gentleman truqueur* est un des plus malfaisants et des plus insaisissables ennemis des marchands de bouquins, sur lesquels il prélève une dîme d'autant plus onéreuse qu'elle est presque quotidienne.

Il en est de même de celui qui se colle aux étalages et s'arrange, tout en feuilletant un livre, pour en insinuer doucement un autre en son vaste pardessus : le volume y disparaît ou mieux s'y engouffre, sans que rien puisse en faire soupçonner la présence.

Un journal plié en quatre est un auxiliaire presque aussi utile que le manteau à grands plis et à poches profondes ; il est, de plus, moins suspect. L'amateur qui recherche les bouquins *à l'œil* tient négligemment son journal de la main gauche, il s'approche d'un casier, prend un livre, un in-12, bien entendu, l'ouvre, en lit une page, deux pages, vingt pages : on est tenté de lui offrir une chaise. Mais ce n'est pas à sa lecture qu'il est attentif. Il ne quitte pas le marchand de l'œil, et dès que celui-ci tourne le dos ou est distrait, le livre se ferme, s'insère dans le pli du journal, que le filou met tranquillement sous son bras, en s'éloignant d'un air paisible et satisfait. Qui se douterait qu'un homme qui porte sous l'aisselle un journal plié en quatre emporte un livre non payé? Voilà pourtant à quoi aboutissent les efforts du journalisme contemporain! C'est là une considération toute neuve, que nous offrons gratuitement aux législateurs en quête d'arguments pour étayer leur envie de « museler la presse ».

Les artistes de ce genre varient leur mode de procédé, et parfois, se rappelant le mot célèbre : *væ soli!* opèrent à deux. L'un d'eux, l'air bizarre, inquiet, multipliant les regards à droite et à gauche et les tours de tête, comme une bête poursuivie qui a pu distancer les chasseurs et souffle un moment, fait halte devant un étalage, saisit un livre et le manie fièrement. — « Ah! ah! se dit le marchand... C'est un voleur.

Attends un peu, mon garçon, je vais te faire voir comment je m'appelle. » — Il attend, en effet, jusqu'à ce qu'à l'autre bout de la ligne des boîtes, il ait aperçu son complice prendre un volume, le fourrer dans sa poche et gagner le large. Alors il replace son volume et s'éloigne tranquillement, les mains derrière le dos. Le marchand ne se trompait qu'à demi, il avait aperçu la moitié de son voleur, quelque chose comme le *sleeping partner* d'une société anglaise. Quant au copain, il s'est attablé chez quelque marchand de vin du voisinage, assez éloigné cependant pour n'être pas fréquenté par les bouquinistes, et il attend son camarade avec le calme d'un heureux coquin qui vient de réussir très chouettement son coup.

Quelquefois deux ou trois individus se promènent ensemble sur les quais, tandis qu'un acolyte longe la Seine en contre-bas sur la berge. Les promeneurs examinent particulièrement les livres placés en file sur la tranche, à même la pierre, à certains endroits du parapet, et il ne leur est pas bien difficile de pousser un volume et de le faire tomber entre les bras du complice d'en bas.

Le voleur maladroit, celui après qui l'on peut courir, est rare. Nous nous rappelons cependant qu'un d'eux se fit prendre un jour, à l'étalage de M. Rigaud où il avait dérobé un dictionnaire anglais d'une valeur de 5 francs. Dénoncé au bouquiniste, celui-ci le suivit; se voyant filé, il traversa la station de voitures en jetant son dictionnaire dans l'une d'elles. Rejoint, malgré ses dénégations, il fut conduit au poste ; là on le fouilla, et on trouva plusieurs fausses clefs et une pince dite monseigneur. Le tribunal le condamnait le lendemain à treize mois de prison.

Comme tous les commerçants qui trafiquent sur les objets d'occasion, les bouquinistes doivent s'assurer de l'identité de la personne qui leur vend des livres, et, à moins de la connaître personnellement, ne la payer qu'à domicile. Il n'en est guère qui ne contreviennent, de temps en temps, à ce règlement très sage, mais entraînant, dans la pratique, une perte de temps et des courses qui ne laissent pas de gêner ces braves détaillants. Cette infraction, quand elle se produit rarement et dans des conditions de prudence et de tact, n'a pas beaucoup d'inconvénients ; mais il arrive, paraît-il, que certains marchands s'en font une habitude et un système. Tout livre qui leur est offert à un prix dérisoire est accepté par eux avec empressement et payé sur place, sans qu'ils aient cure de la provenance. Si ce manque de scrupules ne les enrichit que très médiocrement, il leur cause de nombreux ennuis. Leurs confrères retrouvent dans leurs boîtes des livres dont ils ont constaté la disparition, et, sans les accuser de recel, réclament naturellement leur propriété. Si bien que ces acheteurs imprudents, sinon coupables, sont obligés de rendre la marchandise et de perdre entièrement le prix, si minime soit-il, qu'ils en ont donné, heureux encore de s'en tirer à si bon compte.

Il y a quelques années, des ouvriers brocheurs avaient pu s'aboucher avec quelques bouquinistes indélicats, lesquels d'ailleurs ont disparu depuis. Les quais furent alors abondamment fournis de livres tout neufs, mais presque toujours coupés, par une précaution dont l'excès même était suspect. Ce commerce interlope était devenu de notoriété publique ; mais pincer les coupables n'était pas facile ; un d'eux cependant fut pris sur le fait et condamné à six mois de prison ; ce qui rendit les autres plus circonspects ou leur fit cesser complètement ce jeu dangereux.

Un bouquiniste du quai Voltaire, que nous avons déjà nommé, fut un jour victime d'une mésaventure qui le fit passer pendant vingt-quatre heures pour un affilié de cette bande, malgré la réputation d'honorabilité qu'il possède à juste titre. Il avait acheté chez un journaliste, ainsi que cela se pratique souvent, un lot de livres neufs, parmi lesquels quelques ouvrages récents, publiés chez l'ex-éditeur des incohérents, Jules Lévy.

Les ayant obtenus du journaliste pour une somme insignifiante, il avait pu les marquer à un prix très réduit. Peu de temps après cette acquisition, un camelot en acheta quelques-uns et demanda s'il pourrait s'en procurer d'autres. Le bouquiniste était absent ; mais son voisin, qui le remplaçait, répondit en manière de fumisterie : « Autant que vous voudrez. » Ce propos vint aux oreilles de Jules Lévy, alors victime de vols nombreux. L'éditeur fit, sans tarder, arrêter l'étalagiste sous l'inculpation de recel. Le malheureux fut mis au secret; on se livra à des perquisitions chez lui; on y trouva des livres neufs de chez Hetzel ; dès lors sa culpabilité ne faisait plus aucun doute pour le bon commissaire. Sur ces entrefaites, le voisin, comprenant qu'il était la cause de tout ce trouble, raconta sa plaisanterie; la présence des livres d'Hetzel fut justifiée par la maison Hetzel elle-même, et le commissaire, qui avait déjà fait publier la capture d'un chef de bande dangereux, dut mettre en liberté l'innocent bouquiniste, en lui présentant ses excuses, — compensation qu'on trouvera faible pour deux jours de détention au secret.

Les étalagistes sont souvent victimes d'un maniaque qu'ils connaissent bien, mais dont l'habileté déjoue leur vigilance, puisqu'ils n'ont pas encore réussi à le surprendre en flagrant délit. C'est un amateur qui a pour spécialité les livres à figures. Quand un volume lui convient, il le feuillette pendant un temps très long avant de se décider à le marchander; mais si pendant son examen il peut saisir un moment favorable, il ne se fait aucun scrupule d'en arracher les vignettes et de le remettre en place avec tranquillité.

Un autre filou avançait bravement son argent, achetant des livres sans trop marchander; mais, de temps en temps, il rapportait un ou deux volumes qu'il reprochait au bouquiniste de lui avoir vendu comme complet alors qu'en réalité, examen fait, il lui manquait quelques pages. Si le marchand avait par hasard collationné le livre, et, le sachant parfait, faisait des difficultés pour reprendre l'exemplaire ainsi mutilé, le monsieur, l'air digne et le ton haut, se plaignait d'être ainsi dupé, et faisait valoir les égards que l'on devait avoir pour lui, homme respectable et excellent client. — Son truc fut cependant découvert un beau jour, et voici comment :

Il avait acheté à l'étalage d'un étalagiste du quai Voltaire un exemplaire de certain ouvrage qu'à son insu le bouquiniste possédait en nombre; l'exemplaire vendu était non coupé. Quelques jours après, notre acheteur revint avec le volume coupé de la première à la dernière page, et déclara qu'au cours de sa lecture il s'était aperçu que deux pages manquaient; le marchand, tout heureux d'avoir enfin une occasion de convaincre ce peu désirable client d'indélicatesse, prit dans ses boîtes un exemplaire semblable à celui qu'on prétendait incomplet, et démontra sans peine que les deux pages manquantes faisaient partie d'un cahier dont les autres feuillets étaient encore présents, ce qui ne pouvait s'expliquer dans un volume vendu non coupé; il aurait fallu, en effet, que tout le cahier manquât et qu'il eût été omis à la brochure. La démonstration fut victorieuse, d'autant plus que le bouquiniste, justement furieux, sans égard pour l'*honorabilité* de son client, cria la chose sur les toits. Le quai Voltaire a gagné de ne plus revoir ce personnage, qui trouve cependant encore à faire quelques dupes sur les autres quais.

Un bouquiniste de nos amis, qui rendrait des points à Balzac et à Vidocq comme physiologiste et à Bourget comme psychologue, a réduit en règles les cas de suspicion légitime, que tout étalagiste prudent doit avoir sans cesse présents à l'esprit.

Il faut se méfier :

1° Des femmes à cabas, tout en surveillant les dames à manchons.

2° Des hommes et des femmes couverts de vêtements simples, waterproof, ulster ou carrick, et qui n'ont l'air ni d'ambassadeurs ni de princesses.

3° Des messieurs qui marchandent un volume à cinq francs et dont les orteils sont plus longs que la chaussure; s'ils en offrent 4 fr. 50 et qu'on les prenne au mot, ils n'ont pas de monnaie sur eux et prient qu'on mette le livre de côté; ils repasseront demain. Mais le lendemain c'est un ami obligeant qui passe sans crier gare, et qui enlève, sans payer, les ouvrages intéressants, que le premier lui a signalés.

4° Enfin, suivre de près les gens en grand paletot, dont le derrière du cou est large et rugueux, et le dessus des mains hâlé, tandis que la paume est lisse et blanche : ce sont des gens qui vivent dehors et ne travaillent pas. — Tout métier laisse des stigmates : ceux-ci sont marqués du sceau des voleurs.

Il est sage de nous arrêter sur ces observations sagaces, afin de passer à un sujet moins policier et plus intéressant dans son ensemble, à la *Physiologie du bouquiniste.*

Les bouquineurs kleptomanes méritaient bien quelques lignes dans notre étude sur les passionnés des quais parisiens; mais, en vérité, ils forment une exception et ne méritent pas qu'on s'attarde davantage à les analyser.

PHYSIOLOGIE DU BOUQUINISTE

Comment on devient bouquiniste
Les bouquinistes en boutique

PHYSIOLOGIE
DU
BOUQUINISTE

Comment on devient bouquiniste.
Les bouquinistes en boutique.

Il serait prétentieux, nous l'avons dit précédemment, de vouloir assigner au type des bouquinistes actuels, considérés dans leur ensemble, un caractère résolument accentué et même d'exprimer en une physiologie vraiment définitive l'originalité de nos amis les étalagistes des quais. — La raison principale est celle qu'on invoque de toute part aujourd'hui : la profession *n'est plus ce qu'elle était*; beaucoup passent sur les quais, bien peu y demeurent, il n'existe en conséquence ni esprit de corps, ni homogénéité de mœurs et de tempéraments, ni régularité de coutumes, d'où absence complète de caractère spécial.

Nous arrivons, du reste, à un chapitre qui nécessite de notre part une confession sincère et urgente.

Lorsque, vers la fin de 1886, il y a six ans, hélas! nous avons ébauché ce livre, les quais de Paris au point de vue bouquinier étaient encore très pittoresques ; on y rencontrait des individualités intéressantes et les boîtes étaient parfois chargées de livres suggestifs et provoquant à la lecture. — Trois vétérans de la bouquinerie se disputaient alors la doyenneté de la corporation : les pères Debas, Malorey et Rosez; leur présence sur les parapets, comme la présence de vieux sergents au régiment, maintenait les cadres dans la tradition.

Ils apportaient, aux bouquineurs de la jeune génération, leur expérience et leurs souvenirs, et on était heureux de trouver à leur poste ces trois vieux de la vieille dont les manières, bien encore que *grognonnes*, étaient fort plaisantes et courtoises, et les récits ou anecdotes parfois extraordinaires.

A côté de ceux-ci beaucoup d'autres que nous avons cités honoraient alors le métier.

D'autre part, les étalagistes de 1886 avaient conservé leurs magasins mobiles ; ils campaient sur les parapets de la Seine comme une tribu de nomades, vivant au jour le jour, exposés à la pluie, au soleil, aux rafales, n'ayant pour protéger leurs livres que de larges toiles cirées qu'ils déroulaient dès que le ciel s'assombrissait et qu'un grain menaçait de tout gâter. Leurs étalages primitifs étaient variés, pleins d'imprévu; on y voyait comme une grande truanderie de livres estropiés demandant l'aumône au passant, et l'on s'approchait avec curiosité de ces éclopés ayant fière mine sous leurs loques maculées, lacérées ou arrachées. Les boîtes qui les contenaient, frustes ou hâtivement fabriquées comme des cercueils de fosse commune, étaient peinturlurées de

couleurs naïves et violentes ainsi que certaines proues de vieux chalands bretons; tout cela éclatait ou chantait dans le clair soleil des jours d'été, ou bien ruisselait sous la pluie d'hiver, apportant à la vue un aspect étrange et une jolie note dans le plaisant décor parisien.

Les quais étaient sans cesse animés d'une vie bien à part; le matin, des petites charrettes chargées de livres arrivaient par les rues latérales, et sur la pierre nue des parapets l'installation commençait; boîte à boîte, l'étalagiste ajustait son magasin provisoire et s'installait pour la journée en guettant complaisamment le passant; souvent il déjeunait en plein vent, n'ayant pour siège et table que sa *roulotte;* la femme venait également apporter un plat chaud, avec le litre réparateur, et prenait son repas à côté du patron. — Sur ces jolis bords de Seine, toujours délicieusement éclairés de gaieté et enveloppés d'une atmosphère fine qui met le regard en liesse, ces actes divers du monde de la bouquinerie faisaient tableau pour le flâneur épris de Paris et de ses adorables panoramas mouvants.

Le soir, à l'heure vague où les réverbères s'allument, dans la teinte d'ardoise des jours mourants, les bouquinistes, leur journée finie, levaient le camp en hâte. Un à un les lourds casiers étaient repris et déposés sur la petite voiture; les parapets reprenaient leur aspect normal, tandis que dans les rues de Beaune, des Saints-Pères, Bonaparte, Mazarine et autres, le butin des étalagistes, hâtivement véhiculé vers les remises, sursautait sur l'inégalité des pavés, apportant à l'oreille des boutiquiers du quartier un bruit familier de chaque soir qui leur

donnait l'heure de la soupe.

Si ces conditions d'être n'avaient rien de séduisant pour les braves étalagistes ; si la fatigue de ces éternels voyages du matin et du soir était excessive pour eux et les transformait en Sisyphes du bouquin, il n'en est pas moins vrai que, pour le curieux, les quais de Paris, il y a six ans, avec plus de caractère et plus de vie, donnaient des sensations d'art beaucoup plus intenses qu'on n'en trouverait à l'heure actuelle.

Après la pétition qu'ils firent au conseil municipal, vers 1888, sur l'initiative de l'un d'eux, M. Jacques, dont nous avons parlé, il fut accordé, deux ans après, aux bouquinistes le droit de laisser leurs boîtes à demeure sur les parapets nuit et jour, sous condition que ces boîtes seraient maintenues sur le granit par des crampons de solide fer forgé, amorcés dans la pierre et leur assurant l'inclinaison voulue. Dès 1890, en raison de cette autorisation, la métamorphose des quais s'opéra. Un nommé Beury, étalagiste au coin du Pont-Neuf, appliqua le premier le système ; les autres suivirent peu à peu et aujourd'hui la grande majorité des bouquinistes possède de superbes boîtes neuves, couvertes de toits de zinc brillant, propres à l'intérieur à l'égal de vitrines et dont l'uniformité donne au commerce des livres en plein vent un air de confortable, de vie rangée, monotone et banale, si grand qu'on considère ces étalages comme autant de succursales des boutiques d'en face. La nuit venue ou à la première alerte pluvieuse, en un clin d'œil, toutes les boîtes sont fermées, une longue tige de fer s'applique horizontalement sur l'ensemble des casiers, s'enclave à des crochets et se cadenasse au crampon du parapet. Les tenanciers évitent ainsi les frais de transport, de location de voiture et d'emmagasinage, et les livres moins manipulés et secoués et plus sûrement protégés se conservent en meilleur état. Pour la pratique, on ne peut le nier, c'est parfait!

Les bouquinistes d'il y a six ans, ceux qui, en 1886, nous inspirèrent la *Dédicace* de ce

livre, dès lors en partie imprimé, et qui nous suggérèrent les opinions optimistes de la *flânerie-préambule,* ne sont donc plus au même degré aujourd'hui les errants, les étranges bohémiens qui nous inspirèrent alors comme une grande sympathie attendrie. Nous les jugions aisément l'hiver par les jours hargneux et les sombres gelées, stoïques sous la bise, les doigts rongés par le froid, ayant à lutter contre les vents perfides ou furieux qui balayaient la chaussée, sans cesse occupés selon l'état du ciel à étendre ou à rouler les toiles cirées protectrices de leur marchandise. Nous aimions à les comparer à de rudes matelots, prenant la mer en tout temps, carguant les voiles en pleine tourmente et gouvernant selon les courants. Puis, au moindre soleil, il nous plaisait

de voir ces braves gens s'épanouissant comme les habitants de l'arche, lorsqu'ils purent admirer le prisme de l'arc-en-ciel, et entre-bâillant leurs boîtes par degrés, selon les variations barométriques.

Tous les historiens du pavé de Paris, chercheurs des dernières professions ayant encore de l'allure et de l'indépendance relative, ont été pris ainsi que nous d'un vague sentimentalisme pour ces excellents bouquinistes à qui la vie était alors faite si dure. Aussi les chroniqueurs sérieux, ceux qui connurent les joies des lents bouquinages mêlés d'observations, se plaisaient-ils naguère à parler fréquemment de ces philosophes négociants du plein air dont le gain était si souvent disproportionné avec la peine. — C'est pourquoi ce livre fut entrepris en 1886, au bon moment; à l'heure actuelle, il n'est que temps de l'achever, car les quais aux bouquins, on le pressent déjà, ne seront plus bientôt que de banales boutiques, uniformes et sans intérêt.

La plus grande partie de ceux qui se partagent en cet instant les parapets sont, comme on les nommait jadis, des *étaleurs* souvent recrutés en dehors des professions se rattachant au livre, improvisés vendeurs de bouquins, rapidement initiés à un commerce devenu relativement aisé aux conditions que nous aurons bientôt l'occasion d'énumérer.

Depuis la loi sur la liberté de la presse, c'est-à-dire depuis 1881, toutes les entraves à la profession de libraire et de bouquiniste ayant été supprimées, les demandes de  concession d'étalage ont afflué à la préfecture de la Seine. La plupart du temps ces demandes sont aussitôt prises en considération, ainsi s'explique le nombre toujours croissant de ces installations précaires, car c'est en vain que l'on chercherait une place vide du pont Notre-Dame au pont Royal. Il a donc été nécessaire d'organiser à la mairie du IVe arrondissement un service de *piquage* pour permettre aux postulants évincés de la rive gauche desservie par la mairie du VIIe arrondissement, de se caser sur la rive droite qui bientôt sera également au complet.

Cette affluence d'étalagistes, en rupture des professions les plus diverses, est un sujet de constantes doléances pour les bouquineurs qui se rappellent avec amertume les vieilles physionomies disparues de nos parapets. Les quelques bouquinistes dignes de ce nom qui ont su se maintenir au milieu de cette inondation d'éléments étrangers, ceux qui, ayant toujours vécu du livre et par le livre, se sentent du bâtiment, font chorus et renchérissent sur ces plaintes ; ils s'écrient à tout propos : *On ne fait plus de commerce propre !... On vend les livres comme les pommes !... On ne trouve plus rien qui vaille ! Les clients sérieux se dégoûtent et disparaissent ! Qu'allons-nous devenir ?*

Il y a beaucoup de vérité dans ces lamentations, mais la multiplication des étalagistes et leur incompétence bibliognostique ne sauraient être considérées comme les causes prépondérantes de cette crise de la Bouquinerie, car de nombreuses modifications ont été apportées depuis dix ans dans la « cuisine » des ventes publiques. Autrefois l'expert apparaissait seulement dans les ventes importantes; il aidait le commissaire-priseur à opérer au mieux des intérêts des héritiers la dispersion des bibliothèques connues, risquant parfois, cependant, ses investigations dans une succession où quelques raretés bibliographiques lui avaient été signalées, mais c'était tout; — le menu fretin se vendait en blocs différents, au hasard de la devination, mais sans *tripatouillages* préalables, c'est-à-dire avec de grandes chances de bonnes *occases*. Il n'en est plus de même aujourd'hui : le moindre lot, fût-il de dix volumes, est passé au crible; les *paniers*, les bons *paniers* des années heureuses et grasses ne contiennent plus invariablement qu'un amas hybride de choses sans nom : brochures maculées, salies de bougie et de graisse, vieux bottins, agendas, almanachs et autres *panais*. Le malheureux étalagiste, réduit à l'approvisionnement de l'Hôtel Drouot et à qui les moyens ne permettent pas l'entrée en concurrence avec la *bande noire*, ne peut donc plus nourrir son étalage qu'avec des *arlequins* immondes qu'on lui abandonne encore avec regret.

Il y a bien la *Salle Sylvestre*, où les enchères sont plus abordables, les lots moins truqués et plus « marchands »; mais les ventes qui se font là deviennent plus rares tous les jours; leur espacement oblige à des achats toujours considérables celui qui veut être fidèle à la fréquentation plus agréable et plus lucrative de cet endroit. Les autres étalagistes, les peu fortunés (et ce sont les plus nombreux), n'ont donc là qu'une ressource très limitée et qui leur fait complètement défaut pendant les longs mois d'été. Les « marchés bourgeois » sont inconnus aussi du plus grand nombre, car l'eau allant toujours à 'la rivière, c'est naturellement aux étalages les plus « cossus » que les vendeurs s'adressent pour liquider l'excédent de leurs bibliothèques ; or, on peut l'avouer, *presque sans exception ces étalages sont, ou détenus, ou approvisionnés par des libraires.* Le « marché bourgeois » échappe donc encore à l'étalagiste pauvre, qui en est absolument réduit, comme on le voit, au « fouillis » de l'Hôtel des ventes, soit qu'il s'astreigne à la fréquentation de « l'immonde caverne », soit qu'il accepte d'être approvisionné par des camelots qui se substituent à lui dans cette fréquentation et viennent peu après lui offrir sur les quais leurs maigres trouvailles naturellement majorées du bénéfice assez fort qu'ils prélèvent.

Ces détails menus et précis paraîtront peut-être ici peu conformes à la physiologie du bouquiniste ; on se trompe. Ils seront développés au chapitre du *Commerce des livres,* mais il était utile aussi de les consigner en quelques traits dans cette étude, afin de bien démontrer la logique des doléances communes aux bouquineurs et aux bouquinistes de la carrière.

Non, hélas ! les quais ne verront plus les excellents étalages d'autrefois recélant dans leurs boîtes, amoureusement fouillées, l'édition rare ou curieuse depuis longtemps convoitée, sinon l'outil de travail procurant à la fois la jouissance de la trouvaille inespérée et la satisfaction d'un bénéfice souvent considérable.

Aujourd'hui, las de chercher en vain au milieu de productions hétérogènes qui se rattachent de très loin au domaine de la pensée, les amateurs se découragent et ne font plus sur les quais que de lointaines apparitions quand ils ne disparaissent pas sans retour.

L'étalagiste doit suppléer à cette clientèle qui l'abandonne par une clientèle nouvelle pour laquelle naguère il n'avait pas assez de dédain, c'est pourquoi il recherche le *passant*.

Le « passant », pour le bouquiniste, est le client inconnu que le hasard de la vie amène un jour sur le quai et que l'on ne reverra peut-être jamais plus. Il profitera de cette promenade pour jeter un regard distrait sur les étalages et parfois se laissera amorcer par la vue d'un *Larousse*, d'une *Cuisinière bourgeoise* ou d'un *Roman* de Dumas père brocanté à six sous. Pendant les vacances, ce passant peut-être viendra avec son fils chercher le « Quicherat » ou tel autre classique nécessaire aux études du collégien. Le dimanche, une clientèle spéciale de petits bourgeois et d'ouvriers apparaît sur les quais. Ce jour fait recette pour ceux, trop rares, qui ouvrent leurs casiers et qui peuvent offrir aux mamans et aux fillettes le choix de morceaux de piano ou les romances à 0 fr. 10, les modèles de tapisserie, les fleurs à peindre, etc. ; à l'ouvrier, la collection de feuilletons autrefois lus au rez-de-chaussée de son journal, ou bien encore, denrée plus sérieuse, la feuille documentée graphiquement sur les professions de serrurerie, menuiserie et d'ornementation picturale. — Tout cela s'enlève mieux que des petits pâtés.

La manutention de ces différentes paperasses ne nécessite pas de connaissances bibliographiques variées ; l'étalagiste n'a donc besoin à l'heure actuelle, pour vivre à peu près de son métier, que de ce qui est indispensable dans tout métier ordinaire, savoir : l'argent et le travail persévérant. La science est devenue, il faut le dire hardiment, un bagage plutôt nuisible qu'utile aux bouquinistes contemporains.

On conçoit qu'avec ces mœurs nouvelles la physionomie générale des quais se soit unifiée rapidement. Ce qui faisait l'originalité des anciens bouquinistes, n'était-ce pas, en quelque sorte, la singulière ressemblance qui existait entre leur caractère et la nature spéciale de leur marchandise? Chaque bouquiniste avait alors une spécialité d'ouvrages en conformation avec ses idées et son caractère. Tous étaient autant philosophes que marchands : pendant les heures d'accalmie heureuse de l'été, sous un bon et chaud soleil communicatif, ils prenaient dans les auteurs des XVIIe et XVIIIe siècles les éléments d'une conversation curieuse, quelquefois assez substantielle et intéressante. Les vieux clients devenaient vite les amis de leurs fournisseurs ordinaires, des communautés de vue faisaient naître d'agréables sympathies ; de douces parlotes se prolongeaient souvent bien au delà du temps nécessaire aux acquisitions quotidiennes, et, dans ce frottement journalier, l'esprit du bouquiniste s'identifiait chaque jour davantage avec celui des auteurs préférés et aussi de ces

messieurs leurs amateurs favoris ; sur ces visages, parfois vulgaires d'origine, cette vague culture intellectuelle, constante et consciente, apportait à leur tête une expression satisfaite et un air entendu : les traits s'étaient affinés et le regard possédait des éclats, des ardeurs et une malice indéniablement acquis par une érudition superficielle et de quotidiennes fréquentations distinguées et rehaussantes.

Leur façon d'être s'en ressentait ; leur courtoisie était sans doute un peu obséquieuse et surannée, et leur costume affectait des coupes et des négligences analogues à celles des savants insoucieux des draperies et de la tenue extérieures, mais ces sages négociants et philosophes péripatéticiens avaient une physionomie digne d'être notée et leur conversation n'était pas sans quelque saveur.

Dans une foule de professionnels divers, on aurait pu, il y a dix ans, discerner un bouquiniste, tandis qu'à l'heure actuelle les étalagistes ne sauraient être distingués du reste des mortels. Le changement est complet. Bonne ou mauvaise, l'évolution s'est faite; un fossé s'est creusé entre les mœurs bouquinières d'hier et celles d'aujourd'hui que le temps ne fera désormais qu'agrandir. — Faut-il le déplorer? — Nous ne saurions point le dire.

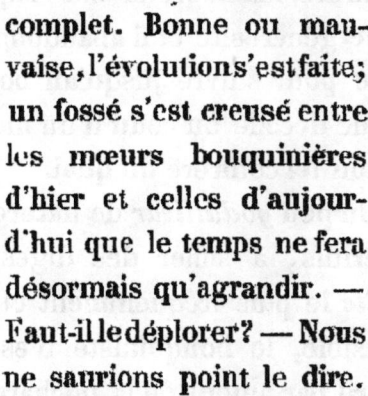

Toutefois, si le type distinctif du bouquiniste a disparu, si le relief de cette effigie s'est effacé et a perdu de son caractère, on peut dire que la corporation générale des bouquinistes a conservé ses qualités heureuses qui sont l'insouciance, la belle humeur, la causerie facile, l'ironie familière, ainsi qu'il convient à des *pleinairistes* vivant dans la lumière et dans la liberté perambulante.

Le bouquiniste est gai, facilement jovial, prompt à discuter sur une question quelconque; il est le plus souvent bon camarade, sans jalousie apparente et sans envie réelle. S'emballant impétueusement parfois dans l'ardeur des enchères, aimant à disputer un lot à un confrère, volontiers violent dans la lutte, il oublie le lendemain sur le quai ses emportements de la veille à la Salle Sylvestre, et serre cordialement la main qui a failli le colleter. Il comprend la solidarité et la pratique très largement ; il n'est pas de liste de souscription en faveur d'un confrère malheureux sur laquelle il ne s'inscrive avec générosité et il abandonne sans hésiter son étalage pour suivre jusqu'au bout le convoi d'un collègue décédé ou celui d'un membre de la famille de tel ou tel confrère du quai.

Un peu *godailleur* de nature, aimant à siroter des apéritifs, à siffler des digestifs et à se *rincer la dalle* le plus fréquemment et le plus agréablement possible, le bouquiniste n'est presque jamais pochard par amour de la pochardise ; il conserve toujours une excellente tenue et sa moralité est au-dessus de tout soupçon.

Sans vouloir prétendre que la loyauté scrupuleuse est sur les quais une règle sans exception, on peut affirmer que le bouquiniste est presque toujours foncièrement honnête — soit qu'il achète, soit qu'il vende, il aime les transactions droites. L'esprit normand domine bien le plus souvent chez lui ; mais, ainsi que dans les foires ou dans les *louées*, parole dite vaut signature sur papier timbré au pays du bouquin. On peut avec le bouquiniste se fier en toute sécurité aux conventions arrêtées et *topées* dans la main. C'est une règle généralement répandue sur les quais de vendre les livres incomplets comme tels, et de tout mettre en montre à prix marqué, sans faire usage, ainsi que dans le commerce ordinaire, des bibelots d'occasion, des circonstances, de la physionomie de l'acheteur et de l'envie qu'on lui prête de posséder l'objet qu'il marchande pour fixer un chiffre définitif. Il y a bien quelques exceptions, comme nous avons pu l'indiquer en divers endroits de ce livre, et quelques étalagistes profitent parfois de l'attitude, de l'apparence ou de la convoitise d'un client de passage pour majorer leurs prix ; mais la règle n'en existe pas moins.

Paul Lacroix, dans un petit livre intitulé : *Ma République,* a ébauché en quelques lignes une vague et aimable physiologie du bouquiniste dont nous devons donner les plus curieux passages :

« Combien, dit-il, cet humble et chétif commerce est intéressé à la tiédeur et au repos de l'atmosphère ! — L'étalagiste, qui habite sous les toits ou chez le marchand de vin, prévoit les orages de plus loin qu'un vieux pilote et prédit le beau temps avec plus d'aisance que le Bureau des longitudes : voyez-le consulter la marche des nuages et les virements de la girouette ; il branle la tête et rentre dans le port avec le vaisseau qui porte sa fortune, ou bien il se frotte les mains et déploie en chantonnant toute sa cargaison sans crainte des avaries.

« Souvent, un novice qui ne connaît pas les oracles secrets du baromètre et qui se fie à un ciel bleu, à un soleil trompeur, voit les éléments se jouer de sa fragile fortune, l'ouragan, éclos tout à coup, chasser en l'air les brochures échevelées, la pluie à larges gouttes marqueter une tranche vierge encore, ruisseler de feuille en feuille et submerger la Bible elle-même dans ce nouveau

déluge. Ainsi, le laboureur de Virgile, de Delille, de Thompson et de Saint-Lambert, pleure ses moissons, l'ouvrage d'une année perdu en un jour.

« Le seul *Manuel du libraire* qu'étudie l'étalagiste, c'est la physionomie des acheteurs ; l'un sourit, l'autre soupire, celui-ci fronce les sourcils, celui-là pince les lèvres ; un cinquième, plus exercé, touchera vingt volumes avant de mettre la main sur le livre qu'il lorgne ; tous enfin se trahissent d'une façon particulière qui n'échappe pas au bouquiniste aussi fin, aussi astucieux qu'un diplomate du cabinet de Saint-James.

« Quant au personnage de l'étalagiste, dit le Bibliophile Jacob, il partage ordinairement la condition de ses livres soumis aux vicissitudes atmosphériques, germés et rac-  cornis par le hâle, battus et desséchés par le vent, maculés, et jaunis par la pluie. »

Ce que le cher Paul Lacroix ne dit pas, c'est que le bouquiniste varie selon les zones. Au quai Voltaire, par exemple, l'étalagiste est un monsieur plein de tenue et de dignité ; au quai Malaquais, nous entrons déjà dans la zone académique ; l'influence de l'Institut apparaît ; le vendeur est plus dogmatique, il disserte davantage sur les questions bibliographiques et les livres qu'il expose sont mieux tenus ; au quai Conti, le lettré triomphe et rehausse la dignité de sa profession ; il sait qu'avant de monter

le pont des Arts ou après l'avoir descendu, ces messieurs les Immortels daigneront honorer d'un coup d'œil son modeste étalage, et, comme il les connaît tous, il est fier des sympathies de quelques-uns d'entre eux. — Ses casiers sont toujours bien ordonnés, rangés et époussetés ; il les tient avec autant de soin qu'un capitaine peut en avoir de sa compagnie, car lui aussi il s'attend sans cesse à une revue passée par quelques gros personnages tels que ducs, princes, marquis, poètes, dramaturges ou romanciers. Ses manières aussi sont soignées; affable et courtois, l'étalagiste du quai Conti apparaît en outre bon causeur et supérieurement renseigné.

Dans la zone plus populaire du quai des Grands-Augustins, nous rencontrons un laisser-aller beaucoup plus grand; les boîtes sont d'aspect moins sérieux et d'une mine plus galvaudée, le désarroi des livres s'y manifeste également dans un aimable pittoresque, et, comme généralement le berger résume la physionomie du troupeau, l'étalagiste de ces parages est moins correct en sa mise et aussi moins distingué en ses propos ; souvent c'est un simple blousard, et ses boîtes sont remplies de romans-feuilletons, de Manuels Roret ou de mauvais *Journaux des Dames ou des Demoiselles*.

Le quai Saint-Michel est, par excellence, le quai des étudiants ; beaucoup des boutiquiers d'en face cumulent la librairie d'étalage et d'intérieur ; il règne là comme un vent de jeunesse, d'art et de littérature. C'est, de tout Paris, l'endroit où les volumes de vers ont le plus de chance d'être accueillis par de doux symbolistes ou de fougueux disciples de l'école romane, et les étalagistes combinent l'assortiment de leurs casiers en conséquence.

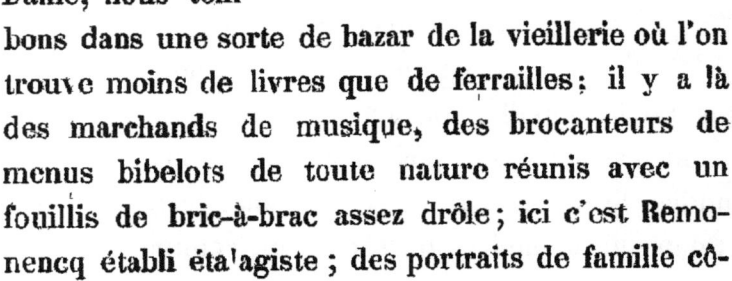

Un peu plus haut, en atteignant le pont Notre-Dame, nous tombons dans une sorte de bazar de la vieillerie où l'on trouve moins de livres que de ferrailles ; il y a là des marchands de musique, des brocanteurs de menus bibelots de toute nature réunis avec un fouillis de bric-à-brac assez drôle ; ici c'est Remonencq établi étalagiste ; des portraits de famille côtoient de vieux trombones à coulisses, des casques en tôle rouillée, des pendules veuves de leur cadran, des salières de ruolz et des faïences plus ou moins révolutionnaires, mais archi-truquées et modernes. Parfois on a chance d'y rencontrer quelque

pièce de valeur. Un de nos camarades a bien déniché à cet endroit une excellente étude de Carolus Duran qu'il a payée deux francs, et un Monticelli, première manière, qui ne lui a point coûté plus d'un écu.

C'est la dernière zone des étalagistes qu'il nous soit permis de parcourir.

Il nous convient de parler toutefois du médailliste qui expose, catalogués et étiquetés sous de belles vitrines, des monnaies et jetons de tout métal, du bronze à l'or, qui brillent au soleil et sont toujours instructives à regarder pour le passant. Le propriétaire de ces vitrines, comme le remarquait un courriériste, est généralement le prince des étalagistes. Le médailliste est, en effet, gras, luisant, dodu comme une tirelire pleine. Alors que ses collègues du bouquin sont hâves, secs et parfois chauves, lui, il est sanguin, rond et hirsute — c'est un richard, car il paraît que la médaille, sur les quais, se vend couramment d'un à vingt-cinq francs, tandis que le volume, l'estampe ou la romance, ne dépassent que rarement deux ou trois francs — la différence est grande; puis, on rencontre deux médaillistes pour cent bouquinistes, et, s'il est vrai de dire que la concurrence est l'âme du commerce, il est juste d'ajouter que la spécialité ou le monopole confirment presque toujours l'esprit des affaires d'or.

Revenons aux livres en abordant ce chapitre complémentaire des

BOUQUINISTES EN BOUTIQUE.

Nous avons dit plus haut comment les étalages les mieux fournis de livres étaient le plus souvent détenus ou approvisionnés par des libraires. Quelques agités parmi les bouquinistes des quais supportent avec peine cette situation et ont formé une sorte de comité toujours en mouvement. C'est de là que partent de temps à autre ces notes fantaisistes qui paraissent dans les journaux et qui tendent à représenter les quais de Paris comme bouleversés par un esprit révolutionnaire, grâce à de prétendus griefs des étalagistes contre les libraires détenteurs de places, ou bien encore en raison de pétitions singulières au conseil municipal, dans le but d'élever sur le parapet de petites armoires-bibliothèques dont la hauteur atteindrait 1^m,25, avec trois rayons sur crémaillères, — privant ainsi le promeneur de la vue de la Seine.

Ces protestataires sont en minorité ; cependant il est bon d'écouter leurs plaintes.

« La situation devient impossible, disait à un de nos confrères de la presse un de ces modestes commerçants qui sont à la librairie d'art ce qu'est le *chand d'habits* au tailleur du boulevard. Il n'y aura bientôt plus de bouquiniste au sens où on l'entendait autrefois, c'est-à-dire comme un petit, tout petit libraire vendant toute sorte de livres, chez qui l'amateur peu fortuné allait chercher la perle destinée à enrichir sa collection à prix modique. Aujourd'hui, monsieur, beaucoup de libraires ont boutique sur rue et... boîte sur les quais.

« Mon voisin occupe, rue de Seine, une maison de second ordre bien connue sur la place. Ne devrait-il pas se contenter de sa clientèle ordinaire, fort suffisante ? Eh bien, il faut encore qu'il vienne nous faire concurrence, à nous, pauvres diables dont ces boîtes constituent le gagne-pain. Ah ! si nous avions en marchandises de quoi soutenir la lutte convenablement ; mais dans les ventes publiques et dans celles qui ont lieu après décès, pas moyen d'acquérir le moindre lot. Ces messieurs s'entendent pour ne nous laisser pas même un os à ronger : ils poussent les enchères si haut que nous sommes tenus en quelque sorte à l'écart. Les gros morceaux, livres rares, reliures recherchées, estampes originales, nous les leur abandonnons bien volontiers, faute de pouvoir mieux agir ; mais qu'ont-ils besoin du menu fretin, ouvrages de peu de valeur ou dépareillés ? Cependant, ces messieurs ont l'appétit féroce : ils accaparent cette menue monnaie des ventes à l'effet d'alimenter leurs boîtes, tandis que les nôtres... regardez : c'est la misère !... Même les achats faits aux particuliers nous échappent : les libraires payant plus cher que nous tout ouvrage susceptible d'être revendu, le client, naturellement, préfère s'adresser à eux. Comment alors alimenter nos boîtes ? Comment combattre ? Et j'ai des confrères chargés de famille !... »

Ces plaintes semblent fondées, au moins en partie. En effet, les emplacements ne doivent être donnés, paraît-il, qu'aux postulants dont l'indigence est reconnue, mais certains libraires parviennent à se faire octroyer les meilleurs, soit par des protections, soit en les faisant solliciter par leurs employés ou leurs parents.

C'est pourquoi, l'an dernier, plusieurs bouquinistes avaient imaginé de convier anonymement leurs collègues à une réunion où un projet dirigé contre les libraires-étalagistes devait être débattu. Dans la journée, une pétition avait circulé, qui s'était couverte de signatures ; mais, le soir, les adversaires des meneurs, après s'être comptés, s'aperçurent qu'ils étaient maîtres de la place ; ils constituèrent un bureau et réduisirent à néant les efforts des protestataires, en votant par une motion d'ordre le *statu quo* dans les termes suivants :

1° Les bouquinistes, réunis, 3, boulevard Saint-Michel, le 3 juillet 1891, remercient le conseil municipal de la faveur qu'il leur a accordée en permettant le séjour nocturne de leur étalage sur les quais, se déclarent satisfaits de cette amélioration et ne désirent rien de plus.

2° Pour ce qui est de la proposition de créer une société de secours mutuels ; considérant que leur corporation est trop peu nombreuse pour assurer aux membres d'une telle association des avantages efficaces ; passent à l'ordre du jour.

3° Pour ce qui est de la proposition de déléguer à quelques-uns le pouvoir d'aller dans les ventes publiques acquérir les livres nécessaires à leur approvisionnement : considérant que le fonctionnement d'une semblable association est illégal et la rendrait passible de poursuites judiciaires ; passent à l'ordre du jour.

4° Pour ce qui est des réclamations à faire au sujet des libraires détenant des étalages ; considérant que la plupart de ceux-ci *sont devenus libraires ultérieurement à l'obtention de leur permission de bouquiniste, et qu'il serait injuste de les priver d'un débouché peut-être indispensable ;* passent à l'ordre du jour.

On voit par là que la plupart des bouquinistes savent au besoin faire taire leur jalousie professionnelle pour mettre en pratique loyalement l'idée de justice. En effet, tout ce qu'ils peuvent demander à l'administration, c'est de réserver les places mises à la disposition du public pour des personnes qui, en raison de leur situation de fortune, ne peuvent se permettre un établissement plus solide. Les libraires déjà établis ne devraient donc pas obtenir de concessions, et d'ailleurs cet abus n'existe pas autant qu'on le suppose ; il est plutôt arrivé à plusieurs étalagistes de pouvoir, au bout de quelques années, louer dans le voisinage une boutique modeste. Ce fut le cas de M. Corroenne, sur le quai Voltaire, de Dorbon, dans la rue de Seine; de Sagot, de la rue Guénégaud ; de Gougy, sur le quai Conti, et de Bridoux, même quai. Nommons aussi Chacornac et Gibert, sur le quai Saint-Michel.

D'autres, sans avoir de magasins sur rue, ont pu se créer une réserve suffisante pour installer en appartement des rayons où la clientèle se rend, à heures fixes, bouquiner souvent avec plus de bonheur que dans les boîtes. Ces étalagistes, au demeurant, trouvent en quelque sorte dans cette situation un peu plus relevée une double installation qui leur permet de travailler les jours de pluie, sans aller au cabaret, et ils ont la juste récompense d'une intelligence plus active et d'une persévérance plus heureuse. — Quelquefois leur accroissement de fortune provient d'un mariage qui, à défaut de dot, à procuré au mari un aide précieux dans sa femme, ou bien de quelque modeste héritage; mais il n'est aucunement démontré — le contraire le serait plus facilement — que l'étalage n'est point pour eux le principal et le meilleur débouché, et comme la pente d'écoulement indispensable des deux maisons. Leur retirer l'étalage du quai, ce serait vraiment les priver de leur berceau et vouloir les punir d'avoir grandi; bien plus, ce serait peut-être les plonger dans la ruine. — Il faut dire aussi que le plus étroit esprit de jalousie peut conduire certains bouquinistes à se plaindre de la présence sur les quais de ces confrères plus heureux, parce que ceux-ci se montrent généralement plus travailleurs et plus méritants. En effet, loin de porter préjudice à leurs voisins, ces libraires-bouquinistes contribuent à maintenir encore la bonne renommée des quais; ils ne vendent pas les livres à vil prix, et par conséquent ne se livrent pas à une concurrence déloyale vis-à-vis de leurs confrères; ils entretiennent leurs boîtes, sinon de raretés, du moins de livres en bon état; ils sont, aux ventes, des concurrents peu redoutables pour deux raisons : la première, c'est que, trouvant très facilement des « marchés bourgeois » plus lucratifs que ceux effectués dans les ventes publiques, ils ont un appétit moins formidable ; la seconde est que, connaissant mieux les livres, ils ne se livrent pas à ces *steeple-chases* ridicules dont sont coutumiers quelques étalagistes ignorants, qui poussent souvent les lots au double de leur valeur réelle. La campagne entreprise, sans succès jusqu'à ce jour, par deux meneurs bien connus, soutenus par l'incompétence de certains journaux, est donc une campagne logique au premier abord, mais, à la réflexion, inintelligente et mesquine.

Parmi ceux qui sont à la tête des mécontents, il existe, c'est curieux à dire, un ex-libraire instruit et se *gobant* démesurément (ne le nommons pas, il nous lancerait une bulle d'excommunication bibliographique, sous forme de brochure ou d'article difficile à placer), ce grand apôtre de la religion du bouquin a dégringolé de sa boutique au quai, et c'est peut-être par rancœur qu'il a voué une telle haine à ses anciens collègues. Elle était du reste peu propre, son ancienne échoppe, non loin de l'hôpital de la Charité ; il y fallait subir, en dehors d'une odeur de crasse et de morsures d'infiniment petits pullulant sur le sol, la conversation fastidieuse du grand Lama bibliographe, prêchant contre la sottise du temps. Il y a bien quinze ans de cela, — quelques-uns s'en souviennent, — le maître de céans était alors, toujours et quand même, racolant à la porte.

Il serait bien tentant de faire en flâneur et en

observateur une promenade chez les principaux libraires en boutique des quais, mais il y faudrait consacrer mieux qu'un chapitre, un livre complet. Les quais Voltaire et Malaquais offriraient de très amusantes silhouettes d'hommes et de singulières études de librairies : les Pillet, les Delaroque, les Pache, les Champion, les Porquet, Foulard et Cie, seraient non moins drôles à *physiologier,* que les hommes des quais Conti et des Grands-Augustins. La boutique qu'occupait encore, il y a cinq ans, le roi des bibliographes, le plus savant homme de ce temps et le plus judicieusement estimé des bibliologues, M. Claudin, était restée tristement entretenue, à l'entrée de la rue Guénégaud. C'était l'officine vieux jeu la plus étrange qu'on puisse rêver. A l'extérieur, l'aspect était lamentable, avec l'enseigne à moitié détruite, les carreaux maculés de boue et les panneaux ensevelis sous la poussière ; à l'intérieur, sous un amas fabuleux de livres, comme un enchanteur dans une grotte, le brave papa Claudin, avec sa docte figure de savant hollandais du xvie siècle, barbe blanche et longs cheveux d'argent, travaillait sans relâche et renseignait les visiteurs sur tous les points douteux, sur tous les cas de conscience de la librairie ancienne. — Aujourd'hui, Claudin vit rue Dauphine, mais sans boutique ; chacun connaît ses catalogues documentés, remplis de notes précieuses et qu'on serait tenté de conserver et de collectionner, si le cher homme apportait plus de méthode dans le classement de ses livres, au lieu de donner ses fiches à l'imprimeur, sans le moindre souci d'une classification quelconque.

Presque vis-à-vis le pont Neuf, la boutique de Bridoux, à l'étalage de laquelle les livres s'empilent en lourdes colonnades et s'étagent en des architectures bizarres, mérite aussi d'être signalée, car assurément il n'existe point de bibliophile artiste qui n'ait songé à la belle eau-forte qu'un Méryon aurait faite de ce porche de bouquins si surprenant.

Chaque boutique du quai des Grands-Augustins vaudrait aussi sa monographie et, en arrivant sur le quai Saint-Michel, nous aurions plaisir à séjourner quelques instants chez Vanier, l'éditeur des jeunes, dont l'officine est si gaie, si spéciale, si aimablement tapissée d'hommes du jour, si intéressante par le mouvement qui s'y fait l'après-midi. Également chez Jolly, il faudrait s'arrêter, car Jolly est un spécialiste très ouvert aux idées de littérature et d'art modernes, et l'on trouve

chez lui de gentilles estampes contemporaines, des dessins originaux en nombre, des aquarelles et même des peintures, sans compter tous les livres un peu en dehors de la banalité, ceux qui sont signés par tous les Messieurs *quelqu'un* de l'heure présente, et aucun des Messieurs *quelconque*. — Chacornac gendre ou beau-père, nous ne savons plus au juste, de Jules Lermina — possède de même, à côté de Jolly, une bouquinerie très largement approvisionnée

PHYSIOLOGIE DU BOUQUINISTE.

et que nous ne pouvons que saluer au passage.

Ces bouquinistes en boutique ne sont qu'une incidence au cours de notre promenade sur les quais ; — ce sont parfois des aristocrates, à côté de nos chers étalagistes, vers lesquels nous revenons bien vite, pour

ajouter un dernier paragraphe tout à fait documentaire à leur physiologie, sous ce titre :

COMMENT ON DEVIENT BOUQUINISTE.

Depuis dix ans, le nombre des bouquinistes qui, depuis 1860, était demeuré presque stationnaire, a pour ainsi dire doublé avec le krach du livre.

Il est à remarquer, du reste, qu'en temps de crise, les petites industries ont plus de tendances que les autres à se développer. Les emplois devenant plus rares, étant plus recherchés par les victimes du marasme général, un plus grand nombre de personnes se voit réduit à recourir aux expédients. Il ne faut pas chercher d'autres motifs à cet accroissement incessant de tant de pauvres étalages en plein vent. La perspective de passer sa vie exposé aux intempéries des saisons, sans y trouver une compensation pécuniaire vraiment suffisante, ne peut tenter, on en conviendra, que des déshérités à bout de ressources, et la preuve, c'est qu'à part deux ou trois exceptions, les cinquante bouquinistes qui se sont successivement installés, depuis dix ans, sur les quais, appartenaient auparavant à toute espèce de professions administratives ou commerciales, mais aucun — le croirait-on? — à la librairie proprement dite ou aux métiers qui s'y rattachent.

Bien des personnes se figurent trop aisément, en effet, que le bouquiniste n'a besoin ni de connaissances spéciales, ni d'une grande mise de fonds; certains même estiment que la somme de travail à donner par ceux-ci est presque nulle; c'est imbus de ces idées que tant de gens, venus de toutes parts, sollicitent une place, l'obtiennent, et au bout de quelque temps regrettent amèrement de n'avoir point canalisé vers un autre rivage leur désir de faire face à la terrible lutte pour la vie.

Après avoir fait la joie — comme les *bleus* dans l'armée — de libraires peu scrupuleux qui ont exploité leur ignorance de débutants, ceux-ci s'aperçoivent enfin de leur erreur; ils voient leurs livres vendus peu à peu, sans qu'ils puissent satisfaire aux frais journaliers ni s'approvisionner de nouveau dans les ventes. Ils jugent alors sainement des difficultés de la situation et deviennent, s'ils sont mal trempés pour l'adversité, des révolutionnaires à tous crins, accumulant d'injustes ressentiments contre leurs confrères et les débonnaires passants qui bouquinent ailleurs que chez eux.

Avant l'abrogation de la *loi sur la librairie* et la suppression du brevet, les bouquinistes se voyaient soumis aux mêmes règlements vexatoires que les libraires en boutique.

Aujourd'hui, n'importe qui, à quelque condition qu'il appartienne, peut obtenir une place, en ayant soin de suivre la marche que voici.

On adresse au préfet de la Seine, sur papier libre, une demande dont la teneur, très simple, est ordinairement la suivante :

« Monsieur le Préfet,

« J'ai l'honneur de solliciter de votre bienveillance l'obtention d'une place de bouquiniste sur les quais.

« Mes titres à cette faveur sont, etc. » (Suivent

les détails de la situation individuelle du quémandeur.)

Au bout d'une quinzaine de jours environ, le postulant, s'il a été fait droit à sa requête, reçoit du bureau municipal de la mairie du VII° arrondissement, ou de celle du IV°, si la demande concerne la rive droite, un avis d'avoir à se présenter, muni de son autorisation de la préfecture de police, à ladite mairie, de deux heures à quatre heures pour affaire qui le concerne.

L'autorisation délivrée par la préfecture de police est la même que celle décernée aux camelots qui vendent les journaux ou autres placards sur les boulevards et dans les rues. Elle est délivrée, sur constatation d'identité, par le chef du 2° bureau, M. May.

Il y a dix ans, l'autorisation était donnée aux conditions suivantes, qui, pensons-nous, ont été maintenues toujours les mêmes :

1° De ne vendre qu'à prix fixe, en classant les livres dans des boîtes portant l'indication du prix uniforme des volumes contenus dans chaque boîte. Il est bien entendu que le chiffre indiquant ce prix sera placé de manière à être très en vue pour tous ;

2° De se tenir exactement à la place qui lui sera assignée par M. le préfet de la Seine et de l'occuper en personne ;

3° De retenir les livres appartenant à des établissements publics et ceux qui lui seraient présentés par des personnes inconnues et suspectes, et de les remettre dans les vingt-quatre heures entre les mains du commissaire de police de son quartier ;

4° De représenter, à toute réquisition des commissaires et des préposés de l'Administration, la présente permission ;

5° De donner avis de chaque changement de domicile dans les huit jours qui suivront, sous peine de retrait immédiat de la permission.

Et en outre, avec défense expresse :

1° De vendre ou d'exposer en vente des livres ou brochures contraires aux bonnes mœurs et à l'ordre public ;

2° De vendre des livres neufs, de tenir boutique, et d'exercer une autre industrie que celle spécifiée dans la présente permission ;

3° D'exposer publiquement en vente des brochures nouvelles, des écrits, gravures, médailles, estampes, dessins, emblèmes ou lithographies, sans en avoir obtenu l'autorisation, conformément à l'ordonnance de police du 20 juin 1849 et au décret du 17 février 1852, et déposée préalablement en double au contrôle général, à la préfecture de police ;

4° De prêter, céder, louer ou vendre cette permission à laquelle le titulaire sera censé avoir renoncé, si, pendant un mois, il est resté sans en faire usage.

La présente permission pourra être prorogée d'année en année.

L'impétrant devra, à cet effet, la présenter, chaque année, dans le courant de janvier, pour que la prorogation y soit mentionnée, s'il y a lieu.

La permission serait révoquée, le jour même où il manquerait de satisfaire à une seule des conditions qui lui sont imposées.

Muni de cette pièce et de son autorisation,

bouquiniste se présente à la mairie du VII° ou du IV° arrondissement, et, là, un employé, nommé *piqueur*, spécialement attaché au service des quais,

fait choisir à l'intéressé sa place, sur un plan qui lui est mis sous les yeux.

— Après avoir

L'installation d'un Étalagiste.

choisi une place parmi celles vacantes, le *piqueur* lui donne rendez-vous pour l'installer le lendemain sur les parapets.

Cette installation, qui n'offre rien de solennel, a comme but, pour le *piqueur* de s'assurer que la place prise est bien la place choisie, et, pour le nouvel initié, de se mettre, quelques jours avant ses débuts, en contact aimable avec ses voisins, qui sont ainsi avertis d'avoir à laisser libre dorénavant la place qu'ils se partageaient jusque-là, en l'absence de tout occupant.

Toutes les places sont invariablement de dix mètres sur les quais, où les étalages se succèdent sans interruption (quai Voltaire, Malaquais, Conti, Grands-Augustins, Saint-Michel); les places sont démarquées par des barres noires tracées du haut en bas du parapet. Entre chaque place, il existe un espace de deux mètres, également démarqué, qui devrait être laissé libre par les bouquinistes, afin de permettre au public de s'appuyer ou de regarder sur la berge, mais que ceux-ci se partagent presque toujours, dans le but d'augmenter leur place d'un mètre. — Le passant peut toujours protester si bon lui semble, et s'appuyer entre deux étalages s'il se sent en veine de vers idylliques adressés au fleuve dont les eaux sont tant calomniées. Mais les boîtes n'empêchent point la vue et l'on est à même d'admirer les rives parisiennes sans cesser de tripoter les livres.

On ne peut obtenir plus d'une place. Quelques bouquinistes en ont cependant deux, et même trois, mais elles sont prises en d'autre nom que le leur (femmes ou enfants).

Depuis 1860, chaque bouquiniste paye à la ville de Paris une redevance annuelle de vingt-cinq francs, qui, augmentée des centimes additionnels et du timbre, se monte à 26 fr. 35. Étant considéré comme brocanteur, il est en outre frappé d'une patente de vingt-cinq francs, ce qui porte son passif annuel vis-à-vis de l'État à 51 fr. 35.

Quant aux bénéfices que réalisent les possesseurs de boîtes, ils varient selon la situation des emplacements (les

Un Étalagiste de bric-à-brac.

meilleurs sont ceux en face de l'Institut et sur les quais Malaquais et Saint-Michel), mais surtout d'après le plus ou moins bon état de leurs marchandises. (Dieu sait si quelquefois la propreté de celles-ci laisse à désirer !)

En moyenne, on gagne de sept à dix francs par jour, principalement au printemps et en automne.

De mémoire de bouquinistes, il n'y a que fort peu de confrères retirés après fortune faite. Ceux qui quittent leurs boîtes à leur mort sont, à vrai dire, les plus nombreux.

Tout n'est pas rose dans le métier, il faut bien l'avouer. Outre la perte résultant des volumes vendus au-dessous du prix d'achat ou restant invendus, et sans parler de la saison d'hiver où l'on risque d'attraper rhumes et bronchites pour encaisser maigre recette (quand le mauvais temps ne fait pas perdre totalement la journée au pauvre diable), dame Police hasarde souvent ses regards curieux sur les quais, histoire de voir si elle n'y découvre pas quelque livre volé ou des publications interdites. D'où saisie et nouvelle perte pour les malheureux commerçants. Il est juste d'ajouter que ceux-ci, méfiants par métier, exposent rarement les ouvrages considérés comme immoraux, qu'ils réservent à des clients de choix, à certains *éroto-bibliomanes* qu'ils connaissent bien et avec lesquels ils ne traitent qu'à huis clos.

Livrons-nous maintenant aux joies démonstratives de la statistique ingénieuse !

Dans son *Voyage littéraire sur les quais* en 1864, M. A. Fontaine de Resbecq constatait l'existence de soixante-huit bouquinistes sur les quais de Paris, depuis le Pont-Royal jusqu'au Pont-Marie et au quai de la Tournelle ; — il découvrait, mais avec de regrettables erreurs de calcul, 1,020 boîtes contenant 70,000 volumes au total, c'est-à-dire la valeur de trois bibliothèques déjà importantes de nos départements.

Voici — environ vingt-huit ans plus tard — notre résultat établi d'après un relevé personnel du moment :

STATISTIQUE

LA RIVE GAUCHE COMPREND

Quai d'Orsay, 2 étalagistes, 28 boîtes.

Quai Voltaire, 23 étalagistes, 205 boîtes.

Quai Malaquais, 30 étalagistes, 360 boîtes, dont 1 étalage de cartons et 1 étalage de lunettes.

Quai Conti, 24 étalagistes, 282 boîtes, dont 1 étalage de pierres gravées, 1 de monnaie et un de timbres-poste.

Quai des Grands-Augustins, 36 étalagistes, 360 boîtes, dont 3 étalages de monnaie et 2 d'objets anciens.

Quai Saint-Michel, 17 étalagistes, 142 boîtes.

Quai Montebello, 5 étalagistes, 25 boîtes, dont un vendeur de tableaux et de curiosités.

Pont Sully, 2 étalagistes, dont un de bric à brac.

RIVE DROITE

Quai de l'Hôtel-de-Ville, 6 étalagistes, 72 boîtes.

Quai de Gesvres, 3 étalagistes, 38 boîtes.

Quai de la Mégisserie, 2 étalagistes, 19 boîtes.

Quai du Louvre, 4 étalagistes, 71 boîtes.

Quai des Tuileries, 1 étalagiste, 16 boîtes.

CITÉ

Quai des Orfèvres, 1 étalagiste, 16 boîtes.

Au total : 156 étalagistes et 1,636 boîtes. Sans tenir compte des quelques bouquinistes qui empiètent sur les places libres, nous avons donc, à raison de 10 mètres par étalage, 1,560 mètres de parapet recouverts de livres contenus dans 1,636 boîtes.

Chaque boîte contenant en moyenne 60 volumes, nous totalisons à 97,260 volumes exposés journellement, aux regards des passants, à cette date de 1892.

En prenant la moyenne des recettes sur la totalité des bouquinistes et en la fixant à dix francs par jour, chiffre à peu près certain, nous affirme-t-on malgré nos doutes, nous trouvons pour les 156 bouquinistes un total quotidien de 1,560 francs, soit par an 569,400 francs, — plus du demi-million.

N'est-ce pas sublime, la statistique !

Il est certain qu'il conviendrait de défalquer les journées de pluie ! Mais dans quelle proportion !

Un Anglais calculerait le nombre de kilomètres que tous ces livres mis bout à bout pourrait produire, le nombre de départements qu'ils couvriraient, etc. Mais nous ne pousserons pas jusque-là l'amour des chiffres ou des subtilités de la statistique, ni la passion des sciences exactes, dont nous croyons même qu'il est bon de se défier.

DU COMMERCE DES LIVRES

Sur les quais de Paris

DU COMMERCE DES LIVRES
SUR LES QUAIS DE PARIS

VIDEMMENT, ce titre, vastement compréhensif, est limité par le sous-titre : « sur les quais de Paris ».

Ici encore nous ne pouvons mieux faire que de mettre à profit les renseignements fournis par un ou deux de nos amis des parapets. Car enfin, pour juger de l'orfèvrerie il n'est que M. Josse, et s'il faut s'en fier à quelqu'un, c'est « à Robert dans les choses qu'il expérimenta ». — Ainsi l'ont formulé Molière et la sagesse des nations.

Qu'on croie bien, d'ailleurs, que notre confiance n'est pas aveugle. Nous aussi, nous avons quelque expérience, suffisante, à tout le moins, pour contrôler les dires (que l'intérêt et les préjugés peuvent fausser parfois) des gens du métier, pour y ajouter de nombreux traits recueillis par notre observation personnelle, et aussi pour soumettre la question tout entière, détails et ensemble, à notre jugement pleinement libre et bien éclairé.

Le commerce des quais serait, de l'aveu même des intéressés, suffisamment rémunérateur et prospère, si les étalagistes avaient des facilités plus grandes pour renouveler leur stock de bouquins. Les quais sont sans cesse parcourus par des gens pour qui les livres sont des outils nécessaires, non moins que des objets passionnants de curiosité : aussi suffirait-il qu'un étalage fût toujours approvisionné d'ouvrages intéressants, pour que son propriétaire vît ses recettes quotidiennes se maintenir à un chiffre assez élevé pour lui assurer un bénéfice « raisonnable ». — On verra plus loin à quoi la modestie des besoins et de l'ambition du bouquiniste réduit le sens de cette épithète.

Malheureusement, il n'en va pas ainsi. Beaucoup d'étalagistes ne vendent rien et sont misérables, parce qu'ils ne trouvent rien de bon à acheter. Les boîtes s'alimentent soit par l'achat sur place, au quai ; soit par l'achat à domicile ; soit enfin dans les ventes publiques.

De ces trois modes, l'achat à domicile est le plus avantageux, et, par conséquent, celui que le bouquiniste préfère. L'achat à domicile est accidentel ; ce sont parfois des malades ou des moribonds sans héritiers qui vendent leur petite bibliothèque, les ventes régulières sont infiniment plus rares. Heureux celui qui a, de par la ville, cinq ou six cabinets d'amateurs ou d'hommes de lettres, dont il déblaye périodiquement les rebuts et le trop-plein ! Celui-là peut renouveler sa marchandise, offrir, à côté de vieux livres intéressants, des nouveautés alléchantes, donner à son étalage une variété qui attire et retient le passant. Cette chance n'échoit pas à tout le monde. La place oc‑

cupée, l'aspect des boîtes, et surtout l'allure personnelle du marchand ont une influence énorme dans la formation d'une clientèle de vendeurs.

Les personnes qui désirent vendre, soit en apportant elles-mêmes leurs livres, soit en donnant rendez-vous chez elles au marchand, arrivent d'ordinaire sur le quai par un pont ou par une des grandes voies de la rive gauche, qui font face aux ponts. Les places de coin sont donc plus souvent que les autres visitées par les vendeurs. Ajoutons qu'il est plus facile de s'isoler, au bout de l'étalage, et que les gens qui ont des livres à vendre n'aiment pas à mettre le public dans leurs confidences et se trouvent gênés s'ils sont obligés d'entamer leurs transactions à la portée des oreilles des bouquinistes voisins ou des curieux flâneurs qui, l'oreille au guet, explorent les boîtes.

On a remarqué que certaines personnes n'aiment à vendre qu'à des marchands ayant l'air niais ou minable. Elles se figurent qu'elles obtiendront plus facilement un bon prix d'un homme qui a l'air simple d'esprit ou que la misère rend timide. C'est là un raisonnement de psychologue assez piètre. Aussi le résultat est-il presque toujours une déception. Le marchand qui a l'air niais est le plus souvent doublement retors, et celui qui s'habille de loques a parfois de bons billets de banque dans son portefeuille graisseux. En tout cas, ils connaissent leur force et la manière de s'en servir. Ils savent débattre leurs intérêts avec une patience que rien ne démonte, une passivité et une inertie qui lassent le client et lui font abandonner la lutte, de découragement et de dégoût. — Avec eux, jamais de ces emballements, de ces à-coups de franchise et de générosité auxquels les marchands de tempérament plus ardent et d'esprit plus vif sont toujours plus ou moins sujets.

Pour d'autres, l'étalage est la pierre de touche, qui révèlera dans le marchand l'acheteur cherché.

Observateurs et logiciens, ils procèdent avec méthode, examinent le caractère dominant de chaque étalage et s'adressent au bouquiniste dont la spécialité répond le mieux au genre de livres qu'ils ont à vendre. S'ils ne se trompent pas dans leur appré-

ciation, ils trouvent un marchand heureux d'acheter
des ouvrages dont il a la vente, et disposé, par
conséquent, à les payer plus cher. Le tout est,
comme disent les Anglais, de mettre *the right book
in the right place*.

Les journalistes et les critiques, à qui les éditeurs
envoient d'office leurs publications nouvelles, ont
presque tous un ou deux bouquinistes attitrés qui
les débarrassent périodiquement de tas de volumes
neufs, souvent non coupés, parfois ornés de dédi-
caces que quelques-uns n'ont même pas le scrupule
d'enlever ou d'oblitérer, au moins en partie. L'avantage présenté naguère par ce genre de marchés,
n'existe plus aujourd'hui que pour les livres de
médecine, de droit, de science ou de technique. Le
placement en est toujours certain, et l'on peut en
donner autre chose qu'un prix dérisoire. Quant aux
vers et à la littérature courante, ils ont, pour le bouquiniste, perdu toute valeur. Ce n'est pas ici le lieu de
nous étendre en considérations sur le *krach* du livre ;
mais il y a tant de volumes, publiés à 3 fr. 50, qu'on
offre de toutes parts, et assez vainement, pour 8 ou
10 sous, qu'il faudrait ne rien les payer du tout pour
avoir chance de gagner dessus. Le bouquiniste qui
jadis prenait, sans regarder, tout le tas à des prix
variant entre 75 centimes et 1 fr. 25 le volume,
maintenant fait méticuleusement un tri, et lorsqu'il
a mis à part les livres signés Zola, Ohnet, Daudet,
Maupassant, et trois ou quatre autres noms secon-

daires différents, suivant les goûts de sa clientèle habituelle, il en offre tant, — très peu de chose, — en déclarant qu'il prendra les autres par-dessus le marché. On discute, on regimbe, on refuse, on va voir ailleurs, et après qu'on a perdu son temps et sa patience en trois ou quatre essais semblables, on s'abandonne au dernier bouquiniste appelé, et on lui laisse emporter le tout. — C'est une petite source de revenus tarie pour les gens de lettres, tous plus ou moins *reviewers*. Ce sont aussi des gains supprimés pour les bouquinistes, qui préfèreraient payer un livre 25 sous et le revendre 35, plutôt que de l'acheter 20 centimes et de ne pas le revendre du tout.

C'est dans la catégorie des achats à domicile qu'on peut classer les transactions de quelques bouquinistes qui s'astreignent à visiter régulièrement les marchands de papier des quartiers voisins. Il y a quelques années, un de ces commerçants, M. Trouillet, dont les magasins se trouvaient rue de Furstemberg, faisait un chiffre respectable d'affaires avec les étalagistes.

M. Trouillet achetait un peu partout, chez les particuliers, dans les administrations, dans les collèges; il fréquentait aussi les ventes publiques, et journellement des camions de livres se déchargeaient chez lui; il en faisait trois parts : le papier d'abord, qui allait immédiatement au pilon; puis les livres vendables, dont les meilleurs étaient rangés sur rayons et vendus à la pièce; et enfin le menu fretin, qui se soldait à raison de 0 fr. 50 le kilogramme. — M. Trouillet est mort et personne ne l'a remplacé.

Un autre marchand de papier, nommé Martin, rue Mazarine, reçoit encore la visite des étalagistes, qui trouvent chez lui de rares occasions, dans un fouillis inextricable et pittoresque de choses sans nom.

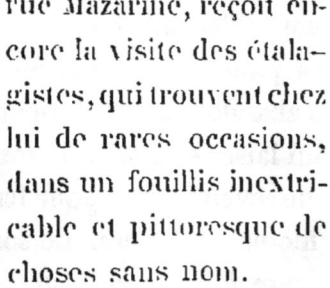

Un expert de l'Hôtel des ventes, M. Guil., a. ou avait aussi, rue Serpente, des magasins destinés à l'approvisionnement des libraires et des bouquinistes; mais ces derniers n'ont jamais été très friands des affaires qu'on y pouvait traiter, tout étant noté à des prix qui leur interdisaient l'espoir d'un honnête bénéfice. Il ne faut pas oublier, en effet, que l'étalagiste des quais doit, par définition, vendre beaucoup moins cher qu'un marchand de livres en boutique, quelque modeste que soit celle-ci.

Il y a déjà plusieurs années est mort, rue Bonaparte, dans la maison du libraire Leroux, M. le vicomte de Lastic Saint-Jal. Cet éclat de la vieille roche s'était fait bouquiniste en chambre et trouvait le moyen de gagner quelque argent. Chaque après-midi, il courait dans Paris, visitant les marchands de bric-à-brac, les marchands de papier, les pensions, les couvents même, où son nom lui donnait ses entrées. Il promettait des commissions aux intermédiaires, et offrait directement ses services aux amateurs désireux de se défaire de leurs livres, précieux ou non. Il arrivait ainsi à avoir tous les jours chez lui une quantité de livres nouveaux, que les bouquinistes allaient visiter le matin. Il fallait se tenir très en garde contre lui. Non seulement son titre et son éducation en imposaient à quelques-uns, mais il s'entendait à faire valoir un livre comme pas un libraire de profession ; et quand il voyait le client bien préparé, allumé, comme on dit, il demandait d'un lot de cent sous vingt ou vingt-cinq francs. Rien n'était difficile comme de sortir de chez lui les mains vides. Parfois, pour pouvoir s'échapper indemne des griffes du bonhomme, on s'amusait à lui offrir un prix dérisoire de quelque ouvrage, et l'on était tout surpris de lui voir accepter immédiatement la proposition. Une fois dehors, on s'apercevait invariablement que ce prix ridicule était parfaitement raisonnable, et qu'il avait réussi pour un instant à vous illusionner sur la valeur réelle de la marchandise.

Il était très prodigue de détails sur son origine,

sa vie et ses travaux. Il aimait à raconter qu'en Angleterre, il était considéré comme un des plus grands savants français, que ses fouilles et les travaux qu'elles avaient provoqués avaient relégué au second plan Boucher de Perthes et le marquis de Nadaillac. Pour peu qu'on poussât au delà la conversation, on ap-

prenait qu'il était le plus grand joueur d'échecs de France, et que, pendant un temps, il avait fait courir tout Paris au café de la *Régence*. A l'entendre, il rendait aux personnes à qui il voulait bien faire l'honneur de vendre des livres, des services inestimables. « N'avait-il pas fait la fortune de Dorbon, alors libraire rue Bonaparte, contribué à celle de Rouquette et de Fontaine, sans oublier Morgand? — Quant à ce pauvre Dumaine, le libraire militaire, il est trop évident que, sans M. de Lastic, il n'aurait jamais pu se tirer d'affaire. »

Deux jeunes entremetteurs de livres sont encore de quelque utilité aux bouquinistes des quais, en fréquentant l'Hôtel des ventes à leur intention. Ils divisent le plus qu'ils peuvent les lots qu'ils ont achetés, et viennent les présenter aux étalagistes, en tenant compte des préférences connues de chacun d'eux pour tel ou tel genre d'ouvrages. Ils font leur triage avec intelligence et ne demandent qu'un bénéfice modique, qu'ils sont toujours sûrs d'obtenir, dût le bouquiniste sortir de sa poche une somme un peu plus ronde que dans les circonstances ordinaires. L'arrangement est commode, et la commodité se paye.

Les offres de livres faites directement par les particuliers à l'étalage sont même assez rares. Le dimanche, cependant, dans les beaux jours, on voit descendre le long de la Seine quelques couples, la femme en toilette claire, l'œil brillant et la bouche souriante, l'homme portant sous son bras libre une dizaine de volumes, l'air à la fois joyeux quand il se tourne vers sa compagne, et inquiet quand son regard fouilleur se porte sur les quais. Étudiants, artistes, employés, jeunes gens en appétit de campagne et en disette d'argent. Peut-être auront-ils la chance de s'adresser à quelque brave homme au fond duquel leur jeunesse et leur gaieté éveilleront la douceur des vieux souvenirs ; alors, au lieu de

profiter, comme il arrive, de leur hâte et de leur légèreté pour les « refaire », il se laissera faire plutôt et rognera sur son bénéfice probable pour adjoindre ce que vingt ou trente sous peuvent en quelque sorte ajouter de jouissances au plaisir que se promettent les deux tendres amoureux.

D'autrefois, un potache arrive, avec un paquet de bouquins, — livres de classe, traductions, romans — au bout d'une courroie. C'est jour de sortie, et il s'agit d'avoir des sous pour fumer des cigares et boire tantôt des bocks jusqu'à écœurement, dans les brasseries du quartier. Les livres de cette provenance sont parfois suspects; et le

bouquiniste prudent ne manque pas de les examiner de près et de les rendre avec un : « Ça ne me convient pas », accompagné d'un regard sévère, s'il y découvre le timbre d'un lycée ou de quelque autre établissement. Le mieux serait de les refuser dans tous les cas, les lycéens n'étant point — à part quelque rares *cagneux, carrés ou cubes* — personnes civilement responsables, et l'obligation de payer à domicile restant forcément lettre morte à leur endroit.

D'ailleurs, ces acquisitions de hasard ne sont guère avantageuses pour le bouquiniste, à moins qu'un livre de valeur ne se soit glissé dans le lot, grâce à l'ignorance ou à la précipitation des vendeurs. Mais une telle aubaine se présente-t-elle une fois sur mille! En thèse générale, l'étalagiste ne peut gagner sa vie qu'à condition d'acheter par lots un peu considérables, pour que les livres d'une vente difficile et ceux qui seront perdus ou volés n'enlèvent pas le bénéfice qu'il est en droit d'attendre.

D'un autre côté, il est désagréable, même à un marchand endurci, d'offrir 0 fr. 50 d'un volume qui a été payé neuf 3 fr. 50 ou 5 francs ; et cependant ce prix de 0 fr. 50, qui semble si ridicule au vendeur, est souvent supérieur à la valeur réelle du volume pour le bouquiniste. Celui-ci, en effet, est obligé d'établir ses prix pour un gain de moitié au minimum. La moyenne de ses recettes lui en fait une loi.

Si, par exemple, nous prenons le chiffre moyen d'affaires d'un bouquiniste vendant bien, nous n'arriverons pas par jour, durant toute l'année, à une somme supérieure à 15 francs. En gagnant moitié, le marchand conserve donc 7 fr. 50 de bénéfice, desquels il faut déduire de 1 fr. 50 à 2 francs pour les faux frais. Ce n'est que bien juste de quoi faire bouillir la marmite. La cause de la pléthore des caisses d'épargne ne se trouve pas de ce côté.

Reste une troisième source d'approvisionnement : les ventes publiques. Les étalagistes ne la dédaignent point ; mais ils n'y peuvent puiser que difficilement et à petits coups. Les ventes en ville et à l'hôtel de la rue Drouot ont lieu dans la journée ;

il n'est donc possible d'y aller qu'à ceux qui ont un remplaçant à leur disposition, ou qui, dans l'espoir de faire de bons coups, se décident à tenir leurs boîtes fermées ce jour-là et perdent la vente pour mieux acheter. Il n'y a pas que les chiens qui lâchent la proie pour l'autre.

D'un autre côté, les grandes ventes n'offrent guère de morceaux où puissent mordre les bouquinistes des quais : les livres précieux, catalogués, classés, cotés et recherchés ardemment par le goût ou la vanité des collectionneurs, ne sont pas leur fait. Tout le capital roulant de quelques-uns d'entre eux suffirait à peine à payer un bel exemplaire des *Chansons* de la Borde.

Il leur faut des ventes plus modestes, à catalogues succincts ou sans aucun catalogue, dans lesquelles les livres sont mis aux enchères par lots. Ces lots laissent du déchet, sans doute; il y a beaucoup de non-valeurs; mais ils contiennent toujours deux ou trois volumes dont chacun représente le prix d'adjudication du lot tout entier.

Quelle que soit, d'ailleurs, son assiduité aux ventes, un étalagiste ne peut pas compter sur ce moyen unique de renouveler ses marchandises. En effet, il fait défaut pendant la moitié de l'année. Il faudrait que les bouquinistes pussent, pendant la saison, acheter assez pour toute l'année. Mais bien peu ont les reins assez solides pour fournir une aussi grosse mise de fonds.

Enfin l'Hôtel des ventes est inabordable aux marchands isolés, et qui n'y peuvent venir que de loin en loin. Les libraires y pratiquent avec entrain la *revision*. Depuis que Rochefort a publié les *Petits mystères de l'Hôtel des ventes*, tout le monde sait en quoi consiste cette opération honnête et fructueuse. Quand les libraires ligués ont acquis, par la conspiration de la non-enchère, la plupart des lots à des prix plus que minimes, qu'ils ont fait payer les autres bien au-dessus de leur valeur à l'amateur obstiné ou au commerçant qui n'est pas de la bande, ils se réunissent dans un café où une salle spéciale leur est réservée. Le butin y est apporté et la *revision* commence. De nouvelles enchères s'établissent entre les compères; chacun pousse aussi haut qu'il le peut les livres qui lui conviennent, sans s'occuper du premier prix de vente. L'opération terminée, on fait la différence entre ce premier prix et le résultat de l'adjudication définitive, et les associés se partagent l'écart soit en plus, soit en moins, car il arrive qu'il y ait perte, mais si rarement!

Il s'ensuit qu'on n'a pas besoin d'acheter un seul lot pour se faire de bons bénéfices : il suffit de compter parmi les membres de cette espèce de syndicat. Et de fait, on cite certains libraires qui vont là comme au cercle et réalisent quotidiennement leur petite « matérielle ». Un étalagiste du quai Malaquais, qu'il est inutile de nommer, passe pour être un des associés les plus actifs, mais il est sûrement une exception.

La revision est plus difficile à pratiquer aux *Bons-Enfants* (salles Silvestre) et à la salle Claudin, rue Dauphine : on n'y vend que des livres exclusivement; les ventes s'y font le soir; les bouquinistes y affluent de tous les coins de Paris, et leur nombre et la diversité de leurs intérêts ne permettent guère à une ligue de s'y former avec succès.

Les ventes à la salle Claudin sont de plus en plus espacées. Nous ne savons même pas au juste si l'excellent homme, libraire passionné et bibliographe savant de la vieille école, qui lui a donné son nom, s'en occupe encore d'une façon effective. En tout cas, elle ne s'ouvre guère que quatre ou cinq fois par an. L'ancienne maison Silvestre, rue des Bons-Enfants, est au contraire un centre très actif de ventes qui se succèdent tous les soirs presque sans interruption. Depuis que MM. Em. Paul, L. Huart et Guillemin, les successeurs de Labitte, Paul et Cie, ont abandonné la librairie de la rue de Lille pour donner toute leur attention à la maison Silvestre, les salles de vente, qui étaient jadis d'une simplicité par trop primitive et nue, ont subi les transformations nécessaires. L'aménagement, le chauffage, l'éclairage sont aujourd'hui ce qu'ils doivent être, et les livres, qui, jadis, s'empilaient ou s'étalaient sur le plancher, ont des tables convenables pour attendre la mise en vente ou l'enlèvement.

DU COMMERCE DES LIVRES.

Les salles Silvestre sont, nous l'avons dit, le rendez-vous des étalagistes. C'est ajouter à la physionomie des quais des traits caractéristiques que d'en photographier quelques scènes.

Voici la vente où Guil, dont nous avons déjà parlé, liquide annuellement ce qui lui reste en magasin,

après l'écrémage quotidien des bouquinistes. M. Delestre, qui partage presque exclusivement avec M. Boulland l'honneur et le plaisir d'officier comme commissaire-priseur aux ventes des salles Silvestre, tient le marteau ce soir-là. Guil, naturellement, fait fonctions d'expert. L'assistance, peu nombreuse, ne se compose guère que de bouquinistes impécunieux. Les autres sont allés au premier, dans une salle mieux assortie.

— Eh bien, messieurs, clame l'expert, nous allons commencer! Nous vous vendons un lot considérable de brochures et de volumes dépareillés; tenez, tout ce qui est dans ce coin, là-bas. Je demande trente francs. On est marchand, n'est-ce pas, Chevalier?

— On est marchand à trois francs, dit impassiblement l'interpellé.

— Eh bien, messieurs, on est marchand à trois francs, reprend le commissaire-priseur.

— Cinquante.

— Quatre.

— Cinquante.

— Voyons, messieurs, il y a au moins 150 kilos de papier.

— Cinq.

— Cinquante.

— Ça vaut mieux que ça. Voyons, Léon, il y a de bonnes choses pour vous, là dedans.

— Voyons, cinq cinquante, pour Léon?

— Jamais de la vie!

— Quatre francs, dit Grandjean.

— Voyons, messieurs, pas de plaisanterie; nous sommes à cinq cinquante.

— Non! non! cinq francs par moi.

— Qui a dit cinq cinquante, personne! Eh bien, messieurs, personne n'en veut plus? C'est bien entendu?... Adjugé cinq francs à Chevalier.

— Y a pour plus de dix francs de papier, dit ce dernier d'un air satisfait.

Mais il fallait lancer la vente et débarrasser un coin. Maintenant, les enchères vont être plus sérieuses. Écoutez !

— Nous vous vendons trois paquets de livres de quarante volumes environ, tous bons auteurs, messieurs.

— Nommez pas !

— Allons ! six francs ?

— Vingt sous

L'expert est indigné.

— Il y a marchand à trente sous par moi, s'écrie-t-il. Voyons ! messieurs, il y a marchand à 1 fr. 50. Qui donne l'enchère ?... Personne ne couvre l'enchère au-dessus de 1 fr. 50 ? Allons, messieurs, 120 volumes pour 1 fr. 50. Jules, défaites un paquet ; on n'a pas vu.

— Si, si, si ! Défaites pas !

— Défaites !

— Défaites pas !

— Un peu de silence, messieurs ! On n'entend pas les enchères.

— Y en a pas.

— Ah ! voilà M. Clarisse, 2 francs par M. Clarisse, n'est-ce pas ?

— Combien de paquets ?

— Trois... cent vingt volumes.

— C'est trop cher.

— Adjugé 1 fr. 50 à M. Guil.

L'expert, échaudé, rit jaune.

— Nous vous vendons maintenant six paquets, tenez, également de quarante volumes, tous bons auteurs.

— Marchand à vingt sous !
— Eh bien, messieurs, en veut-on au-dessus d'un franc ?
— Eh bien, oui ! 2 francs.
— Cinquante.
— Cent sous !

C'est Ernest qui rentre et qui, devant ce tas de bouquins, a lancé cette mirifique enchère.

Le lot lui reste.

Et ça continuera ainsi jusqu'à la fin. Tantôt, les paquets de quarante volumes descendront à dix sous ;

tantôt ils se relèveront jusqu'à 4 et 5 francs à l'arrivée de quelques bouquinistes, ayant leur recette du jour à employer.

A la fin de la vente, on aura atteint le chiffre de 150 francs ou environ, pour 120 numéros comprenant près de quatre mille volumes.

La vente est finie ; les élus ficellent leurs paquets, puis montent faire un tour au premier dans la salle n° 1.

Là, le spectacle change ; l'élément libraire domine, libraires de pacotille pourtant, car ce sont encore des lots que l'on vend là, et les amateurs, n'y voyant rien à faire, ont laissé le champ libre aux marchands.

A l'invasion des bouquinistes d'en bas, on pousse des hurlements. Bloch tire brusquement la chaise de Girard, qui tombe sur son derrière. On s'esclaffe; l'ordre est troublé. L'expert, M. Paquet, attend en riant que le silence revienne, pour mettre sur table un lot contenant, d'après lui, autant de merveilles que d'ouvrages. Chaque volume est énoncé séparément, et les enchères commencent.

Mais ici, c'est une rage ; on se croirait autour d'un tapis vert. Les enchères montent, montent ; et les quarante volumes qui, en bas, s'adjugent 10 sous, atteignent en haut lestement 10 francs.

Les ventes au catalogue attirent une clientèle plus sérieuse et moins bruyante. Quelquefois, cependant, elles dégénèrent en scènes de vaudeville. Telle fut celle du docteur Legrand du Saulle.

Il semblait, ce soir-là, qu'un vent de folie se dégageât de la bibliothèque du célèbre aliéniste et frappât de démence tous les assistants.

La vente était faite par le ministère de M⁰ Fontaine.

Celui-ci, peu habitué aux Bons-Enfants, avait cru devoir annoncer que la vente avait lieu au comptant, et que les lots étaient payables immédiatement, — ce qui ne se fait jamais, chaque adjudicataire payant à la fin de la vente.

Quelquefois même celui-ci demande un bordereau, que le commissaire-priseur ne lui refuse pas, ce qui équivaut à quelques semaines de crédit.

Cette déclaration fit courir dans l'audience un murmure qui annonçait l'orage.

Les quatre ou cinq premiers articles adjugés, le caissier, jaloux d'exécuter les ordres de son patron, et ne voyant rien venir, réclama la monnaie.

— M. Girard ! 3 fr. 15, s. v. p.

— Plaît-il ?

— 3 fr. 15, s. v. p.

— Je payerai à la fin de la vente !

Le père Fontaine, avec une allure de président d'assises :

— Monsieur, j'entends que tout le monde ici soit sur un pied d'égalité, et c'est pourquoi je vous prie de payer immédiatement.

— C'est ridicule, monsieur !

— Monsieur, ne m'insultez pas, ou je vous fais expulser.

L'hilarité commence.

Le père Fontaine, sentant l'hostilité s'élever, reprend son discours.

— Messieurs, si je tiens à ce qu'on paye immédiatement, ce n'est pas que je doute de la plupart d'entre vous, que je connais, mais il en est d'autres que je ne connais pas ; c'est pourquoi je vous

répète que, dans le seul but de vous mettre sur un pied d'égalité, je vous prie de payer immédiatement.

— Peut-on donner un acompte ?
— Parfaitement, monsieur Marescq.
— Combien dois-je ?
— Six fr. 30.
— Voilà mille francs.

La salle se tord; le commissaire se pince les lèvres.

— On vous rendra la monnaie à la fin de la vente, monsieur Marescq.

— Pas du tout, je la veux tout de suite.

A ce moment une épaisse fumée emplit la salle.

— Chevalier, quelque chose brûle ici ; voyez ce que c'est.

On regarde, sans rien découvrir. On ouvre les fenêtres. La fumée partie et les assistants gelés, on veut se remettre aux enchères.

— Qui m'a caché ma cuiller?

A cette question lancée par le crieur sur un ton d'angoisse, la salle est en délire.

La cuiller est une sébille comme on en emploie dans certains bazars pour recueillir les payements à distance.

Depuis une heure que la vente est ouverte, il n'y a pas dix articles de vendus.

Cependant le silence paraît se rétablir, et l'expert hasarde un article.

La fumée recommence plus épaisse. Les uns manifestent une vive inquiétude ; d'autres rient sournoisement dans leur barbe.

On cherche : rien. Enfin, un nouvel arrivant montre à Chevalier un amas de papier qui brûle dans le couloir, devant la porte d'entrée, et que des fumistes — l'expression ne nous paraît pas déplacée — surveillent, en modérant ou en augmentant l'effet.

A ce moment, des cris s'élèvent : Chevalier, le garçon de salle, est aux prises avec le libraire Belin.

— Qu'y a-t-il, messieurs?

Chevalier bafouille, pendant que Belin s'écrie d'une voix de collégien qui « cafarde ».

— M'sieu, c'est lui qui dit qu'c'est moi qu'ai caché la cuiller.

Pour le coup, ceux qui ont la rate trop faible n'ont d'autre ressource que d'aller respirer dehors.

Cahin-caha, la vente se poursuit.

Un article est adjugé à un inconnu.

— Adjugé 3 francs à monsieur...?

— On paye.

— Ça ne fait rien. Votre nom?

— On paye!

Devant cette insistance le crieur croit entendre un nom propre et annonce M. Ompet.

— Mais non! s'écrie le commissaire impatienté, voyant que l'hilarité reprend de plus belle. Votre nom, monsieur!

Silence de l'adjudicataire, pendant qu'une voix inconnue glapit M. Lavigne.

— M. Lavigne!

Et on met au procès-verbal, au nom de M. Lavigne, l'article adjugé à M. Dancourt.

Tout à coup une enchère est douteuse.

— C'est pas moi! dit Chevalier.

— Pas du tout, c'est moi qui ai mis 2 fr. 50, dit Espagne. Puis, se ravisant : — Oh! et puis je vous le laisse.

— Non, non ; c'est moi qui vous le laisse.

— Ah çà! messieurs, sommes-nous ici pour nous amuser, à la fin !

O naïveté des commissaires-priseurs ! Le brave homme en doutait !

Il dut finir par en être convaincu, car à onze heures, le catalogue, qui comptait cent soixante numéros, n'était pas encore épuisé.

Lorsqu'un bouquiniste a acquis, en vente publique ou autrement, un lot de livres, il l'examine chez lui, et, s'il entend son métier, procède de la façon suivante. Il met soigneusement de côté les livres qui lui paraissent rentrer dans la spécialité des libraires avec qui il est en relations, puis il classe ce qui lui reste par prix de vente, de façon à pouvoir remplir les vides, au fur et à mesure qu'ils se produisent dans ses boîtes à prix fixe. Les volumes mis de côté pour les libraires ne sont pas marqués. Ils sont portés à domicile; ou, si l'on espère la visite du libraire lui-même, ce qui vaut mieux, placés sur le quai en attendant qu'il vienne. Le prix en est alors débattu, et le débat ne donne jamais lieu à de longues discussions. A part les ouvrages épuisés ou les impressions anciennes, dont le cours variable permet des évaluations diverses, le livre de librairie est généralement taxé de 50 à 60 pour 100 au-dessous du prix fort. C'est un taux difficilement accepté par les clients profanes, toujours enclins à faire reculer en leur faveur, au delà du possible, les limites du bon marché. Voilà qui suffit à expliquer la préférence accordée par les bouquinistes aux libraires, et pourquoi un bon livre ne fait jamais une apparition de longue durée sur le parapet.

Les livres négligés par les libraires vont prendre les places vacantes dans les boîtes à prix fixe. Certains étalagistes n'ont que des boîtes à « prix divers » et marquent le prix au crayon à l'intérieur des volumes. Il ne semble pas que ce système soit de nature à hâter la vente. Un livre demeurera des mois dans une boîte à prix divers, qui s'en ira dans la journée s'il est offert à prix marqué, quand même celui-ci serait égal à la somme qu'en demandait le bouquiniste primitivement. Le client aime à être prévenu par une fiche de ce qu'il doit s'attendre à dépenser s'il trouve quelque chose à sa convenance dans la boîte où il fouille. N'est-il pas agaçant, en effet, sans compter la perte de temps, d'avoir à ouvrir chaque volume pour voir à quel chiffre il est coté?

Ce n'est pas tout. Il y a une échelle descendante, dont tout livre invendu doit parcourir les échelons, au grand crève-cœur de l'étalagiste. Mais quoi? Vaudrait-il mieux encombrer de non-valeurs les boîtes à prix élevés, si bien qu'en s'obstinant à ne rien sacrifier du gain présumé, on en arriverait à perdre tout? La vérité est qu'un livre qui a séjourné une semaine dans une boîte à 50 centimes, par exemple, doit, quand il a fait ses huit jours, descendre dans la boîte à 25 centimes, et, la semaine suivante, dans celle à 10 centimes. Plus le bouquiniste s'entête, plus le livre se détériore et devient d'une vente impossible. En le vendant vite, au contraire, outre qu'il réalise une somme dont il a toujours l'emploi, il fait de la place pour un autre volume, qu'il vendra vite également et sur lequel — s'il l'a bien choisi, cette fois — il fera un plus gros bénéfice.

Il y a des habitués des quais — nous en connaissons — qui, trouvant un livre qui leur convient marqué à trop haut prix, attendent, pour l'acheter, qu'il passe dans la boîte inférieure. S'il n'y passe pas, ils le laisseraient pourrir plutôt que de l'acheter. Certains ouvrages sont ainsi en vente depuis dix-huit mois et plus, et auront acheteur dès que le marchand comprendra qu'il est de son intérêt d'en baisser le prix.

Il est des ouvrages à propos desquels un bouquiniste qui connaît son époque ne doit avoir d'autre ambition que de s'en défaire: ce sont les classiques en plusieurs volumes, les œuvres complètes de Voltaire, de Rousseau, de Delille, de Laharpe, l'histoire d'Anquetil, l'Encyclopédie, la collection des auteurs latins traduits, etc. Tout le monde redoute ces éditions encombrantes du siècle dernier et du commencement de ce siècle ci. Ajoutez-y le discrédit où sont tombés beaucoup de ces ouvrages, et vous n'aurez pas de peine à vous convaincre de l'intérêt qu'il y a à faire miroiter, pour s'en débarrasser plus vite, l'avantage d'une occasion extraordinaire aux yeux du passant à demi lettré, le seul pour qui ces volumineuses publications conservent encore quelque chose de prestigieux et d'imposant. Le sacrifice, d'ailleurs, n'est jamais bien douloureux, car les bouquinistes ne se risquent guère, quand ils achètent ces monuments, à en donner plus que la valeur du papier.

Enfin, les volumes qui ont résisté à toutes les épreuves et qui n'ont pu trouver acquéreur doivent être retirés des boîtes après un mois de séjour au plus, et vendus, soit à des camelots, soit en vente publique, soit au marchand de papier qui les paye dans les environs de 5 francs les 100 kilos.

Il existe à l'Hôtel des ventes une salle spéciale, la salle n° 16, pour la vente des « rossignols ». Les jours réservés aux ventes de cette sorte sont le jeudi et le vendredi. On les annonce sous cette rubrique : « La chambre ».

Utile indication qui avertit l'acquéreur d'avoir à se tenir sur ses gardes et de ne pas se fier aux annonces pompeuses de M. l'Expert!

Mais il arrive que, grâce à la complaisance d'un commissaire-priseur, le marchand glisse dans une bonne salle et dans une vente particulière un lot qui ne devrait figurer qu'à la salle n° 16.

Le client croit alors acheter des livres provenant d'une succession ou de tout autre vente légale, et on lui adjuge un débarras de magasin.

Un lot ainsi ajouté s'appelle : *rapport*.

Les livres vendus de cette façon atteignent quelquefois un prix supérieur à leur valeur réelle. Mais souvent aussi les acheteurs, mis en éveil par quelque confrère du vendeur, ou par leur propre flair, s'obstinent à laisser sans enchères le lot mis sur table, et le marchand en est pour ses frais de transport et de commission. Il est volé. Mais ce n'est, à parler franc, que mérité.

Laissant de côté ces débouchés, qui ne sont pas du commerce ordinaire et qui sont toujours dangereux, — à qui le bouquiniste vend-il aujourd'hui?

A cette question, notre chapitre sur les bouquineurs donne une réponse documentée et détaillée à souhait. Nous voudrions seulement ajouter ici quelques mots relatifs à l'*amateur,* qui, dans l'esprit de beaucoup, continue à être la providence et le coffre-fort du bouquiniste. Demandez à celui-ci, il vous dira s'il compte sur l'*amateur* pour le faire vivre. L'*amateur,* le vrai, le pur, est tout uniment son effroi. Il le reconnaît de loin : sa redingote, son chapeau haut de forme, sa décoration, ses lunettes, son âge, qui flotte entre cinquante et soixante-dix ans, l'empreinte indéfinissable, mais indélébile, dont les instituts, académies et sociétés savantes marquent leurs élus, tout le signale à l'étalagiste qu'envahit une respectueuse épouvante. Le voilà. Il s'arrête devant une boîte, à bon marché, naturellement. Dès lors, il n'y a place que pour lui. Il va, vient, tourne, retourne, bouleverse l'étalage, multiplie les signes de désappointement et de dégoût, et finit par s'éloigner en maugréant : « C'est absurde! On ne trouve plus rien sur le quai! »

Et pourquoi trouverait-on quelque chose, — c'est-à-dire des éditions rares, des exemplaires précieux offerts pour quelques sous, — lorsque les bouquinistes savent la valeur des bons livres, et que les grands libraires sont prêts à leur donner de ceux qui leur tombent encore parfois entre les mains un prix honnêtement rémunérateur? Les amateurs qui « font les quais » retardent de trente ans. Ils espèrent trouver dans une boîte à quinze sous une édition de 150 francs. Ils croient toujours que les bouquinistes ne savent pas lire. On pourrait peut-être en trouver qui le savent à peine, si peu que rien, mais ceux-là même ont de quoi les déniaiser. L'aspect matériel d'un livre, sa date, son habit leur sont des indications suffisantes pour qu'ils le mettent à part et le présentent aux commis des riches maisons de librairie qui, quotidiennement, visitent les quais. Ceux-ci ne font point difficulté de les renseigner sur la valeur véritable du bouquin et le leur achètent, pour peu qu'il en vaille la peine. Ils ont à contenter une clientèle riche, toute une nouvelle couche de collectionneurs fort peu semblables aux anciens ; ce sont des banquiers, coulissiers, hommes de lettres et artistes qui ont rencontré la fortune, dilettantes millionnaires, vaniteux enrichis qui veulent recouvrir leur opulence d'un vernis d'élégance, de savoir et de goût, bibliophiles de tout aloi, dont plus d'un affirme sa passion éclairée pour les livres en traitant à forfait avec Morgand ou Rouquette pour la fourniture complète d'une bibliothèque d'amateur !

Dans ces conditions, le bouquiniste des quais ne doit compter, pour son commerce courant, que sur une clientèle dont nous avons esquissé les principaux types dans un précédent chapitre. Il peut prendre pour lui ces couplets, qu'un bel esprit de 1820 intitulait : *le Libraire*[1] :

> Venez, lecteurs, chez un libraire
> De vous servir toujours jaloux ;
> Vos besoins ainsi que vos goûts
> Chez moi pourront se satisfaire.
> J'offre la *Grammaire* aux auteurs,
> Des *vers* à nos jeunes poètes ;
> L'*Esprit des lois* aux procureurs,
> L'*Essai sur l'homme* à nos coquettes.
>
> Aux plus célèbres gastronomes
> Je donne *Racine* et *Boileau* ;
> *La Harpe* aux chanteurs du caveau,
> Les *Nuits d'Young* aux astronomes ;
> J'ai *Descartes* pour les joueurs,
> *Voiture* pour toutes les belles,

[1]. R*** de L***, *le Chansonnier des grâces*, 1820, p. 203.

Lucrèce pour les amateurs,
Martial pour les demoiselles.

Pour le plaideur et l'adversaire
J'aurai l'*avocat Patelin* ;
Le malade et le médecin
Chez moi consulteront Molière ;
Pour un sexe trop confiant
Je garde le *Berger fidèle* ;
Et pour le malheureux amant
Je réserverai *la Pucelle*.

Les bouquinistes du quai ont tout cela et bien d'autres choses encore. Le chroniqueur, Victor Fournel, qui signait Bernadille au journal *le Français*, en 1879, a donné un aperçu assez complet du contenu ordinaire des boîtes[1]. Puisqu'il a dit avant nous ce que notre sujet nous amène à dire ici, nous préférons le citer presque textuellement plutôt que de refaire une énumération qui, tout en s'appuyant exclusivement sur nos observations personnelles, pourrait avoir l'air d'un démarquage :

« Parmi les éléments qui constituent, dit Bernadille, le fonds essentiel et presque invariable des boîtes de bouquinistes, il faut noter d'abord un certain nombre d'ouvrages comme Buffon, Voltaire, Dulaure, La Harpe (le *Lycée* et l'*Histoire des Voyages*), Vertot, le *Jeune Anacharsis*, l'*École des mœurs*, les *Beautés* de l'histoire de France, de l'histoire d'Italie et de toutes les autres histoires pos-

1. *Le Français*; 22 juillet 1879.

sibles, l'*Homère* de Mme Dacier, les classiques latins traduits par Desfontaines (les classiques latins de Desfontaines se bornent, croyons-nous, à une assez mauvaise traduction de Virgile : Bernadille songeait sans doute aux collections Panckouke et Nisard, que l'on rencontre quelquefois), les ouvrages de Bitaubé, de Florian, de Marmontel, etc., etc. Le quai est le dernier endroit où l'on rencoutre assez couramment les œuvres d'Alexandre Duval, de Mme Cottin et de M. Bignan. Vous n'y ferez point vingt pas sans y mettre la main sur un *Espion turc*, une *Abeille du Parnasse*, ou les *Anecdotes de Philippe-Auguste*. On dirait que ces livres renaissent de leurs cendres, comme le phénix. A combien d'exemplaires ont-ils donc été tirés? Joigny-y les histoires naturelles, les volumes détachés des diverses encyclopédies, de l'*Univers pittoresque*, du *Musée des familles*, les livraisons de la *Revue des Deux Mondes*, du *Correspondant*, de la *Revue contemporaine*, les collections du *Journal pour tous*, du *Journal des demoiselles* et de tant d'autres *magazines* semblables. La *Lanterne*, la *Cloche*, le *Diable à quatre*, la *Bibliothèque nationale* à 25 centimes le volume, les *Portraits politiques* d'Hippolyte Castille, les biographies d'Eugène de Mirecourt ont laissé un résidu inépuisable, qui traîne dans toutes les boîtes.

« Rien ne se perd; on recueille jusqu'aux plus infimes broutilles. Vous trouverez pêle-mêle : les annuaires de tous les départements et de toutes les années, les vieux almanachs, les livrets des anciens Salons et des expositions de province, les guides à Paris ou en France, publiés à la Restauration ou sous Louis-Philippe.

« Les industriels du quai vont jusqu'à ficeler en paquets les feuilletons coupés des journaux. Cela se vend aux blanchisseuses, aux garçons bouchers et aux vieilles femmes à cabas.

« Un autre aliment des bouquinistes, c'est le livre publié aux frais de l'auteur. Hélas! que de rêves sont venus échouer là! Que de *Brises légères,* que de *Premiers chants,* que de *Parfums du cœur,* que de *Printemps de l'âme!* Les volumes de fables abondent, et aussi les traductions d'Horace en vers. Vous y trouverez des romans intitulés *le Poignard du Vésuve,* par l'auteur des *Bandits de la Montagne* et *les Souterrains du castel.*

« Je ne m'arrête pas aux livres classiques ni aux livres de prix, que des troupeaux d'écoliers peu studieux viennent déverser sans relâche dans cette grande fosse commune. Mais il faut dire un mot des volumes dépareillés, qui ne sont point toujours aussi méprisables qu'on le pourrait croire. Au temps heureux où je pouvais bouquiner, j'ai ramassé un par un sur les quais, pour presque rien, les trente-six volumes des *Mémoires secrets de la République des lettres...*

« Enfin, ajoutons les ouvrages populaires à bas prix, fabriqués pour le colportage, généralement imprimés avec des têtes de clou sur du papier à chandelle, avec couvertures jaunes, et illustrés de bois qui semblent avoir été gravés à la pointe d'un *eustarhe*. Ces volumes populaires sortent de trois ou quatre maisons, toujours les mêmes : Bernardin-Béchet, Le Bailly, Delarue, la Librairie des villes et des campagnes, ou ils portent simplement cette indication : *Chez tous les marchands de nouveautés*. Ducray-Duminil avec MM. Raban et Pécatier, *Paul et Virginie, Estelle et Némorin*, en fournissent la partie romanesque. Les sciences occultes y tiennent une large place : *la Clef des songes, le Petit Albert, le Nouvel et infaillible oracle des Dames, l'Urne magique, la Grande science cabalistique, l'Art de tirer les cartes. Le Langage des fleurs, le Secrétaire des amants, les Amours d'Héloïse et d'Abélard* s'adressent aux lecteurs sentimentaux; *le Nouveau Catéchisme poissard, la Fleur des calembours, les 1,200 amusements et récréations de société, la Mère et la fille Angot, chansonnier nouveau*, aux esprits gais qui aiment à briller dans le monde; *l'Histoire curieuse de Roquelaure*, Piron, voire Boccace, aux amateurs de la gaudriole; *les Vies de Mandrin, de Cartouche, du célèbre Collet, l'Histoire véridique de Vidocq*, à ceux qui se plaisent aux émotions fortes, aux aventures sombres et mystérieuses.

« Nous avons aussi, toujours dans le même genre, mais pour les intelligences élevées qui aimont l'histoire, *la Tour de Nesle, l'Homme au masque de fer, la Vie de Jean-Bart, les Quatre sergents de la Rochelle, le Terrible naufrage de la Méduse.* Ah! c'est un beau choix, et il y a là de quoi former l'esprit et le cœur des masses. »

Il y a même de quoi former des collections curieuses pour celui qu'intéressent les infiniment petits du monde typographique. Et c'est là, finalement, où gît l'un des charmes qu'exercent encore les quais sur les esprits délicats et cultivés.

Nunc, ite, Liber est.

APPENDICE

Le Banquet des Bouquinistes.

APPENDICE

LE BANQUET DES BOUQUINISTES

u chapitre des *Bouquineurs et Bouquineuses,* où se trouve tracée la silhouette de l'excellent Xavier Marmier, on a pu lire (p. 182 et 183) la clause testamentaire du regretté académicien, par laquelle il accorde aux étalagistes des quais une somme de mille francs, afin d'être employée par ces « bons et honnêtes commerçants » à se payer un joyeux dîner et à passer une heure pleine d'entrain consacrée à sa mémoire. — Ce legs, qui fit beaucoup de bruit dans la presse, a été exécuté par les soins du mandataire M. A. Choppin d'Arnouville, qui a réuni les intéressés le 20 novembre 1892, au restaurant du grand Véfour.

Il nous appartient, avons-nous pensé, de conserver dans ce livre les principaux documents qui ont trait à ce fameux banquet. D'où ces notes publiées en appendice.

Le billet d'invitation était ainsi conçu :

Le 20 novembre 1892, à sept heures précises du soir, aura lieu le banquet offert par M. Xavier Marmier, de l'Académie française, aux bouquinistes des quais de la rive gauche, sous la présidence de M. A. Choppin d'Arnouville.

Carte d'entrée rigoureusement personnelle.

Le président, Le délégué,
A. Choppin d'Arnouville. X.
  quai...

Environ quatre-vingt-quinze étalagistes avaient répondu à cet appel, et dans un des salons de Véfour, au second, on pouvait remarquer parmi les adhérents : MM. Corroenne, Duboscq, Lefournier, Ferroud, Brébion, Chevallier, Vaissett, Boucher, Rigaud, Francisque, Carcet, Lecronier, Brouward, Letarouilly, Émille, Degoy, Laporte, Lechanteur, Ernouf, Dorbon jeune, Pelletier, Humel, Tronquet, Granjean, Charles, Le Landois aîné, Le Landois jeune, Le Landois fils, V. Duverget, Gougy jeune, Jorel, Jacques, Le Beury, Charlot, Bastid, Chrétien, Viennet, Blondin, Bury, Gibert, Fannier, Fauvergeot, etc., etc.

Plusieurs de ces aimables bouquinistes avaient amené leurs épouses, dont quelques-unes étaient

APPENDICE.

charmantes avec leurs toilettes sans façon et leur frimousse ignorante de l'art savant du maquillage.

A chaque place, sur un petit carton, en chromolitho, se trouvait le menu que voici:

BANQUET MARMIER

Menu du dîner du 20 novembre 1892

Hors-d'œuvre variés

POTAGES
Conti et Brunoise

RELEVÉS
Filets de barbue aux crevettes
Filets de bœuf au vin de Madère
Croquettes à la Dauphine

ENTRÉE
Poulets à la chasseur

ROT
Quartier de chevreuil à la sauce poivrade
Salade

ENTREMETS
Haricots flageolets à la maître d'hôtel
Glaces : Petit duc et Parfait

DESSERT
Corbeilles de fruits

VINS
Madère, Saint-Émilion
Bourgogne en carafes, Beaune
Champagne frappé
Café et cognac

La cordialité (selon le cliché usité) n'a cessé de régner pendant ce dîner. — Au dessert, après un toast qui lui était porté par M. Corroenne, le doyen présent des étalagistes, M. A. Choppin d'Arnouville, a prononcé la très touchante allocution qui voici :

Messieurs,

C'est une douce et chère mémoire qui préside seule à cette réunion. Il y a bien longtemps que l'homme excellent dont j'ai eu le bonheur d'être l'ami, et qui fut aussi le vôtre, avait conçu le projet de vous assembler après lui, et je sais combien vous avez été touchés de ce souvenir. Je veux donc vous remercier d'abord du témoignage de pieux respect que vous avez donné à ses restes mortels ; je veux aussi vous parler encore de lui, car il a désiré n'être pas oublié ce soir...

N'attendez pas cependant que j'essaye ici l'éloge de l'écrivain, du savant, du voyageur, qui, l'un des premiers, a introduit les littératures étrangères dans notre patrimoine intellectuel. Cet éloge sera fait bientôt, en la forme académique, si près de vous que vous serez les premiers sans doute à en recueillir l'écho. Je ne me permettrais pas de pressentir de pareils jugements ; mais ce que je sais bien, c'est que, dans l'œuvre de M. Marmier, qui compte près de quatre-vingts volumes, nul ne trouvera ni un mauvais livre, ni une page malsaine, ni une méchante ligne. Ce que je sais aussi, c'est que l'Académie tout entière applaudira le successeur, encore inconnu, de M. Marmier, quand il dira les vertus touchantes de celui que tous aimaient, sa bonté souriante et serviable, le charme de ses entretiens et cette invariable et poétique douceur qu'il montrait en toutes choses. Comme il avait été doux envers la vie, il a été doux envers la mort, selon le mot de Bossuet. Il l'attendait, m'écrivait-il récemment, sans la désirer ni la craindre, comme un chrétien...

L'âge était venu et M. Marmier avait dû renoncer aux lointains voyages. Ne pouvant plus explorer les bibliothèques étrangères, il a formé ou complété la sienne ; combien vous l'y avez aidé !... Cette bibliothèque considérable, intéressante, est aujourd'hui, pour sa ville natale, une richesse et une relique. Il semble qu'il ait voulu ne s'en séparer jamais ; il avait la coutume de faire dresser le soir sa couchette de cénobite au milieu de ses chers livres, — et là-bas, au fond de la Franche-Comté, c'est encore près de ses livres qu'il repose de son dernier sommeil.

Mme de Staël disait qu'elle préférait au fleuve du Rhin son ruisseau de la rue du Bac. M. Marmier préférait vos quais. Ni la campagne la plus attrayante, ni les montagnes de son pays, ni même ses grands sapins qu'il aimait tant, qu'il nommait ses cousins, ne valaient pour lui ses quais de la rive gauche. Chaque jour il les suivait, découvrant le Louvre ou Notre-Dame ou la Sainte-Chapelle, jetant peut-être un regard vers cette statue populaire du bon roi..., mais ce n'est pas cet horizon qui l'entraînait surtout dans sa quotidienne et uniforme promenade ; c'est à vous qu'il avait affaire, à vos étalages, à vos boîtes... ; il voulait y fureter encore, butinant sans cesse pour son savoir, ouvrant tous vos livres, vieux ou récents, et si heureux d'une trouvaille...! Et chaque jour enrichissait ainsi sa bibliothèque ou sa mémoire. « Que de savoir je leur ai dû, disait-il en parlant de vous, et quels heureux moments !... » Que de fois, en effet, en revenant du Palais, l'ai-je trouvé cherchant ou lisant sous la bise, et si je risquais un conseil de prudence, il répondait en me montrant un petit livre déjà enfoui dans les profondeurs de ses poches.

Tous, il vous connaissait ; avec son habituelle affabilité, il s'enquérait de vos affaires, de vos familles, et si d'aventure quelqu'un de vos enfants venait à surgir près de lui, c'était une caresse ou une friandise, tendue avec la même bonne grâce qu'une cigarette au père.

Dans son testament, il vous nomme de *bons et honnêtes commerçants ;* c'est qu'il savait vos usages professionnels, vos vieilles coutumes déjà séculaires... N'êtes-vous pas en effet les successeurs de ces marchands de livres qui, aux XVIe et XVIIe siècles, avaient permission de tenir leurs étalages dans la salle des pas perdus du palais de Justice? N'avez-vous pas pour ancêtre l'honorable Achaintre, latiniste de mérite, protégé de M. de Fontanes, et qui, au commencement de ce siècle, avait établi son commerce de livres sur les parapets, en face de l'Institut?

A toutes ces traditions, M. Marmier vous eût conseillé de rester fidèles, de ne pas rechercher les changements, car il estimait, comme un sage, que le mieux est parfois l'ennemi du bien...

Conservez à vos quais, vous eût-il dit, leur aspect original et unique ; ces longs parapets, tout garnis de livres, véritable ceinture du palais de la science, seront toujours un attrait pour les curieux et les lettrés, et pour tous un moyen d'apprendre. Dans un temps d'impitoyable démolition, gardez-nous, messieurs, ce souvenir utile du passé, gardez-nous ce coin charmant de notre vieux Paris.

Vous entouriez, messieurs, de vos attentions et de vos respects le bon et aimable vieillard qui a voulu vous en remercier; vous n'oublierez, j'en suis sûr, ni cet ami des livres, ni le témoignage d'estime et de sympathie qu'il vous a réservé.

Les plus vifs applaudissements ont accueilli cette spirituelle et charmante allocution.

Puis le président des délégués, en quelques mots émus, l'a remercié et lui a donné l'assurance que le souvenir de M. Xavier Marmier resterait toujours vivant dans la corporation.

Après quoi, on a quelque peu dansé et la fête s'est terminée avec une grande correction, sans qu'on ait eu à remarquer un seul pochard parmi les convives attardés, ce qui fait honneur à la tempérance absolue, trop souvent mise en doute, des Bouquinistes parisiens.

APPENDICE.

Le lendemain de cette fête, nous avons publié dans le *Figaro* un article sur le banquet et sur les étalagistes en général ; il y était question du citoyen Chonmoru, qui tient également une grande place dans ce volume au cours du chapitre sur les *Étalagistes d'aujourd'hui*.

M. Chonmoru, ayant écrit une lettre de rectification très correcte à M. Magnard, directeur du *Figaro*, nous n'hésitons pas à la reproduire ici, pour le cas où cet honorable bouquiniste estimerait que nos allégations à son endroit, déjà depuis longtemps imprimées, ne sont pas conformes à la vérité. — Ce sera en quelque sorte une rectification préventive.

Monsieur le Rédacteur en chef,

On m'apporte aujourd'hui le numéro de votre journal où vous vous occupez de moi, en date du 24 novembre 92. Malgré le ton sympathique et la courtoisie de votre article, je vous demanderai la permission de relever quelques inexactitudes qui ont surpris votre bonne foi. Je suis loin de faire des excentricités et de causer du scandale, comme vous semblez le croire ; si je fais parler de moi, c'est que toute personne travaillant sur la voie publique est journellement exposée à des incidents souvent désagréables.

Je suis, il est vrai, socialiste ; mais mes convictions et mon tempérament ne me portent nullement à la propagande par le fait. Pour moi, la propagande doit pénétrer progressivement les cerveaux par l'instruction, la publicité et le bon exemple.

Je suis certain que vous voudrez bien porter à la connaissance de vos lecteurs cette rectification, dont tous les honnêtes gens comprendront la nécessité.

En attendant l'honneur de la lire dans votre journal si réputé à bon droit, je reste, monsieur le rédacteur en chef, votre très humble serviteur.

Chonmoru,
39, quai des Grands-Augustins.

Puisse maintenant ce livre, écrit sans passion personnelle, œuvre de vérité, autant que les documents que nous avons recueillis et ceux qui nous ont été fournis nous permettent de le croire, ne soulever par la suite ni indignations ni colères parmi quelques-uns des étalagistes passés en revue, dont les plus excentriques nous ont, il est vrai, davantage occupé. Nous travaillons pour laisser des notes à ceux de demain, et nous nous soucions peu des rancunes éphémères que nous aurions pu faire naître chez quelques exaltés.

Si, en majorité, nos amis des quais apprécient la bonne foi de ce livre qui leur est dédié, nous nous tiendrons entièrement pour satisfait. Au cas où nous eussions, à même dose pour chacun, distribué la louange à ces Messieurs du parapet, notre galerie de portraits n'aurait offert aucun intérêt et cet ouvrage devenait inutile.

TABLE ANALYTIQUE
DES CHAPITRES

Pages.

1º Épitre dédicatoire : *Aux Etalagistes riverains du gentil fleuve de Seine.* . . . . i à xi

2º Flânerie préambule. — La mort du bouquiniste, d'après Nodier. — Doléances de J. Janin. — Autrefois et aujourd'hui. — Les quais transformés; le bouquiniste vit toujours. — Ce qu'on peut encore chercher et trouver dans les boîtes. — Le bouquiniste contemporain, ce qu'il est. — M. Fontaine de Resbecq et ses *Voyages littéraires sur les quais de Paris* en 1857. — La physiologie des quais n'a jamais été écrite. — Le bouquineur et le bouquiniste. — Les vicissitudes de ce livre ébauché en 1886, terminé en 1892. — Mes collaborateurs. — Les modifications de la bouquinerie depuis six ans. 1

3º Prolégomènes historiques. — *Recherches sur les bouquinistes à travers le passé.* — Les bouquinistes dans l'antiquité. — Chez les Romains. — Une citation d'Aulu-Gelle. — Sous les portiques de Rome. — Les trouvères du moyen âge. — Érasme et les livres. — Origine du mot bouquin. — Le pont Neuf et les libraires en plein vent au XVIIe siècle. — Les premiers procès aux brocanteurs de livres. — L'édit de 1649. — Les regrets de Baluze sur les étaleurs. — Première apparition des livres aux bords de Seine, dans le poème *les Cerises renversées*, de Mlle Chéron, vers 1670. — Le revendeur de livres au xviiie siècle. — Un passage de la *Lutetia Parisiorum erudita*, de Georges Wallin, en 1721. — L'ordonnance du 20 octobre 1721. — Les quais au siècle dernier. — *Le Café Anglais* du quai Conti. — Sterne chez un libraire du quai. — Diderot et Mlle Babuti, future femme de Greuze. — Les gaietés du pont Neuf et les charlatans. — *Les Détailleurs*, d'après Sébastien Mercier. — Les quais sous la Révolution et les belles occasions qui s'y rencontraient. — « Au quai Voltaire » en 1798, d'après J.-L. Meyer. — Un singulier mémoire pour le corps de la librairie en l'an IX. — *A un sou la science*, tableau du *bas marché* des livres, d'après J.-B. Pujoult. — Bonaparte au quai Conti. — Les étalagistes sous l'Empire et la Restauration. — Le savant Achaintre. — Ordonnances de police de 1822 et 1829. — La bouquinerie en 1830. — Une dernière tribulation visant les bouquinistes en 1866. — Les quais en 1892. 17

4° . LES ÉTALAGISTES DISPARUS.—*Quelques types et portraits*. — N'évoquons pas les ombres des étalagistes du premier âge. — Les parapets à l'heure présente. — Les quais le dimanche. — La journée d'un bouquiniste, ses vagabondages, ses absences ; les tracas de l'acheteur devant les boîtes abandonnées. — Le baron Haussmann partisan des quais sans livres. — Napoléon III, le Bibliophile Jacob et les bouquinistes. — Le père Foy, ses antécédents, ses mots. — Le père Rosez et ses prétentions à la doyenneté. — Le papa Malorey. — « Monsieur Debas », — son portrait. — M. Debas juré ; récit typique. — Le « baron Maynard » à l'hôtel de Chimay ; son humeur et son caractère. — Quelques bouquinistes originaux : Charlier, Lécrivain, Isnard, dit *Trompe-la-Mort* ou le Tonkinois ; le pauvre Formage ; le poète Flauraud, Raguin, de Troyes, helléniste et chercheur lettré ; le vieux Leguiller ; le père Confait, ancien disciple de Saint-Simon ; — le Belge Janssens ; Le Noble le Mazurier ; le vieux Dubosq ; Ambs, surnommé *Amer Picon* ; Gustave Boucher, *Bouquiniste ès lettres* ; Abel Tarride, — *l'Apôtre*, — le papa Rosselin, — Delahaye et ses étalages nocturnes. — Les Normands *juifs du papier*. — Les bouquinistes devenus libraires. 73

5° LES ÉTALAGISTES DU JOUR. — *Originaux et excentriques*. — Le manque de caractère des bouquinistes actuels. — Leur recrutement. — Chevalier, ses débuts et son allure. —

M. Corroenne, le *Cazinophile*, « Grand-corps, Petits-formats ». — Émile Vaisset, Gallandre, Rigault. — Le grand Bibliographe du quai Malaquais. — M. Humel et ses anciennes prouesses. — M. Jacques, auteur de la *Pieuvre commerciale*. — Le citoyen Chonmeru, son caractère, type du bonhomme, son costume, ses excentricités, ses étalages. — Autre bouquiniste et ses aventures du siège. — Les exploits d'un ancien huissier étalagiste sur la rive droite. — *Le Cabinet des pieds humides* sur le quai des Ormes. — Étalagistes de lunettes et de monnaies. — Tisserand et ses cartonnages 115

BOUQUINEURS ET BOUQUINEUSES. — *Caractères et physionomies.* — La chasse est l'image de la guerre. — Des différentes chasses. — Supériorité de la chasse au bouquin. — De la difficulté des raretés dans les boîtes à quatre sols et la raison de cette pénurie de la curiosité bibliophilesque. — Les trois grandes catégories de bouquineurs : les habitués, les irréguliers, les passants. — Les bouquineuses, divers types. — L'élégante ne bouquine jamais. — Les prêtres. — L'amateur. — Quelques noms de bouquineurs d'hier et d'aujourd'hui. — Opinions de critiques et poètes sur le bouquinage. — Rimes bouquinières ; le Bibliophile Jacob. — L'illustre Boulard et ses 300,000 volumes. — Physionomies d'autrefois. — Xavier Marmier, portrait et anecdotes. — *Les chineurs.* — Histoire de Chapoteau. — Le plaisir de bouquiner ; la définition du bonheur : *un bouquin*. 147

7° LES VOLEURS DE LIVRES. — *Notes et observations.* — Les boîtes à demeure sur les quais et les *cambrioleurs*. — Les voleurs à l'étalage. — Divers trucs. — Complicité du sommeil et du bavardage des bouquinistes. — Le voleur gentleman. — Le truqueur. — Le système du journal plié en quatre. — Le vol *au copain*. — Les recels de vols de librairie. — Un maniaque. — L'iconophile *chipeur* de vignettes. — Les femmes à cabas, à manchon, à carrick. — Ceux dont il convient de se défier. 199

8° PHYSIOLOGIE DU BOUQUINISTE. — *Comment on devient bouquiniste.* — *Les bouquinistes en boutique.* — Le caractère de la profession. — Le bouquiniste, il y a six ans, avant les boîtes à demeure. — Le pittoresque s'en va. — La liberté de la profession depuis la loi sur la presse de 1881. — Les doléances de ces messieurs. — L'approvisionnement des bouquins ; la *salle Sylvestre* et les *Marchés bourgeois*. — Le *passant*, providence du bouquiniste. — Les mœurs bouquinières. — Physiologie du bouquiniste. — La pluie et le beau temps. — Caractère des différents étalages du quai Voltaire au quai Saint-Michel. Les bric-à-brac, — Les médaillistes. — Les bouquinistes en boutique. — Le pour et le contre des droits reconnus au libraire d'étaler sur les parapets. — L'ex-boutique de Claudin ; celle de Bridoux; Vanier, Chacornac et Jolly. — Comment on devient bouquiniste. — La formule de demande au préfet; l'autorisation sous conditions ; le *piqueur* et le choix de la place. — Les difficultés du métier. — Statistique des boîtes, des livres et des recettes.................................... 217

9° DU COMMERCE DES LIVRES SUR LES QUAIS DE PARIS. — Renseignements recueillis et observations personnelles. — Les trois modes de renouvellement des boîtes : l'achat sur place au quai ; l'achat à domicile, l'achat dans les ventes publiques. — Physiologie des vendeurs de livres. — Les journalistes et les critiques bibliographes. — La baisse des romans. — L'achat à domicile. — MM. Trouillet, Martin et Guil. — M. le vicomte de Lastic Saint-Jal, brocanteur de livres. — Les vendeurs sur place : étudiants et étudiantes, les petits potaches. — Le chiffre d'affaires des bouquinistes. — Les différentes catégories de ventes publiques. — La *revision*. — L'Hôtel Drouot, les salles Sylvestre, la salle Claudin. — Mise en scène d'une vente de brocanteur. — Un souvenir de la vente du Dr Legrand du Saulle, un vent de folie sur les assistants. — Les échelons de l'échelle descendante des livres dans les boîtes d'étalagistes. — L'horreur du bouquiniste pour l'*amateur* « vieux jeu ». — Trois couplets du *Chansonnier des grâces*. — Les livres qu'on rencontre encore sur les quais................. 265

10° APPENDICE. — *Le Banquet des bouquinistes*. — Le legs Marmier, la convocation pour le dîner du 20 novembre 1892. — Les convives. — Le menu. — Discours *in extenso* du président M. A. Choppin d'Arnouville. — La bonne tenue des bouquinistes. — Lettre rectificative de M. Chonmoru au directeur du *Figaro*. — Conclusion....... 305

ACHEVÉ D'IMPRIMER

sur les presses de

L'Ancienne Maison Quantin

May et Motteroz, Directeurs

7, rue Saint-Benoit, 7

A PARIS

Ce vingt décembre
1892

PLANCHE (S) EN 2 PRISES DE VUE

LA VIE LITTÉRAIRE

LA BOITE A DEUX SOUS

Octave Uzanne. — *Bouquinistes et Bouquineurs. Physiologie des quais de Paris, du pont Royal au pont Sully*, par Octave Uzanne. Illustrations d'Émile Mas. Un volume in-8°.

Que de grâces à rendre à ce docte, gracieux, aimable Octave Uzanne ! Voici qu'il m'enseigne les antiquités et illustrations des quais de Paris et l'histoire de ces humbles et précieuses bouquineries qui bordent la Seine du pont Royal au pont Sully et rendent ce fleuve plus cher aux honnêtes gens que le Pactole aux flots d'or de l'antique Gygès et du phrygien Crésus. Et, sans doute, puisque la Seine est le vrai fleuve de gloire, les bottes de livres étalées sur ses quais lui font une digne couronne. Si j'ai jamais goûté l'éclatante douceur d'être né dans la ville des pensées généreuses, c'est en me promenant sur ces quais où, du Palais-Bourbon à Notre-Dame, on entend les pierres conter la plus belle des aventures humaines, l'histoire de la France ancienne et de la France moderne. On y voit le Louvre, ciselé comme un joyau ; on y voit des arbres, des livres ; on y respire, sous un ciel aimable, avec des souvenirs des âges, la douceur et la noblesse de vivre. C'est là qu'il est facile de réconcilier le passé avec le présent et d'unir, dans une tendresse filiale, la Gaule chrétienne à la France démocratique. C'est là qu'on sent mieux qu'ailleurs les travaux des générations, le progrès des âges, la continuité d'un peuple, la sainteté du travail accompli par les aïeux à qui nous devons la liberté et les studieux loisirs. C'est là que j'ai senti pour mon pays le plus tendre et le plus ingénieux amour.

Mais toute cette gloire et toute cette force perdraient couronne et créneaux si les bottes des bouquinistes étaient retranchées des parapets. Est-il possible que le baron Haussmann ait songé à dépouiller nos quais de leur doux honneur et à chasser les vieux livres des bords de la Seine? Le grand préfet était-il à ce point l'ennemi des traditions doctes et pittoresques ? Nous priver de cette joie de trouver au hasard d'une promenade les lettres, les arts, les sciences, en plein vent, quel crime ! M. Octave Uzanne nous conte que l'usage d'étaler des bouquins sur les parapets remonte pour le moins au dix-septième siècle, et qu'à l'époque de la Fronde les rebords du pont Neuf étaient meublés de romans. MM. les libraires jurés, ayant boutique et enseigne peinte, ne purent souffrir ces humbles concurrents, qui furent chassés par édit, en même temps que le Mazarin ; ce qui prouve que les petits ont leurs tribulations comme les grands. Du moins les bouquinistes furent-ils regrettés des doctes hommes, et je trouve dans le livre vraiment savoureux de M. Uzanne les lamentations d'un bibliophile du dix-septième siècle plaignant la disparition des libraires en échoppe.

— Autrefois, dit ce savant, une bonne partie des boutiques du pont Neuf estoient occupées par des libraires qui y portoient de très beaux livres qu'ils donnoient à bon marché, ce qui estoit d'un grand secours aux gens de lettres, lesquels sont ordinairement fort peu pécunieux. Aux estallages, on trouvoit des petits traités singuliers qu'on ne connoist pas bien souvent, d'autres qu'on connoist à la vérité, mais qu'on ne s'aviseroit pas d'aller demander chez les libraires et qu'on n'achète que parce qu'ils sont à bon marché, et enfin de vieilles éditions d'anciens autheurs qu'on trouve à bon marché et qui sont achetées par les pauvres qui n'ont pas moyen d'achepter les nouvelles.

On croit que les honnêtes plaintes sont d'Étienne Baluze, qui était bon homme et vécut dans les livres. Pourtant il n'y trouva pas le digne repos qu'il y cherchait, et il fut très tourmenté pour une certaine histoire généalogique de sa façon. Il quitta sans regrets ce monde où il avait beaucoup remué de vieux papiers. Mais il ne le quitta pas sans avoir composé lui-même son épitaphe en vers que je citerai ici, non qu'elle y vienne bien à propos, mais parce qu'elle m'a toujours paru touchante :

Il gît ici le sieur Etienne ;
Il a consommé ses travaux.
En ce monde il eut tant de maux
Qu'on ne croit pas qu'il y revienne.

C'est dommage ! Le bon Baluze ferait un revenant d'un entretien agréable, et l'on aimerait à le rencontrer sur un ancien quai de Nesle, devant quelque boîte dont les bouquins lui rappelleraient les joies et les tristesses de sa vie écrivante.

Dans un historique d'un style riant et illustré de documents copieux, M. Octave Uzanne nous apprend que, vers 1670, les bouquinistes avaient reconquis le parapet pour la joie des curieux. Ils furent inquiétés de nouveau en 1721. A cette date, une ordonnance du roi défendit les étalages de livres à peine de confiscation, d'amende et de prison.

... achetait de livres à l'étalage de Debas et c'était pitié de voir ce pauvre petit homme si vieux, si desséché, gardant son reste poudreux d'étalage et méditant les révolutions des empires.

C'est un mystère douloureux que la vieillesse de ces bouquinistes dont aucun acheteur ne dispute plus au vent et à la pluie les derniers misérables bouquins. M. Octave Uzanne a conté bien joliment l'histoire du père Foy, qui fut jadis le voisin de Debas, sur le quai Malaquais. Gardien déguenillé d'un amas informe de feuillets souillés de boue, déchirés et moisis, le père Foy professait d'un sac livres une philosophie cynique, laquelle s'accorde avec la pauvreté. Il était libre et fier comme Antisthène.

Une dame passant d'aventure avec son mari devant ce lamentable étalage dit un peu haut :
— Qui peut acheter de pareilles horreurs?
— Ce sont les savants, lui répliqua magnifiquement le père Foy.

Cette parole est belle. Mais le père Foy montrait plus de sagesse encore quand l'hiver, tirant quelques-uns de ses livres de leur boîte, il les brûlait dans un fourneau et se chauffait à leur flamme. C'était sous l'empire. Un jour, si l'on en croit M. Uzanne, Napoléon III alla lui-même, accompagné du bibliophile Jacob, visiter sur les quais les bouquinistes que le préfet de la Seine voulait faire disparaître. Ayant remarqué le père Foy, accroupi, selon sa coutume, sur son réchaud, le souverain fut curieux de savoir quel livre ce vieillard était en train de brûler. Il s'approcha et vit que c'étaient les *Victoires et Conquêtes*.

De toutes ces gloires, le pauvre homme faisait une petite flamme pour chauffer ses vieux os.

Je n'oserais affirmer qu'il eût lui-même un sentiment complet de sa profonde sagesse. Mais il est certain que le spectacle des bouquins étalés sur les quais incline l'âme à mépriser la gloire. C'est devant la boîte à deux sous qu'on sent mieux encore que dans un cimetière le néant douloureux de l'homme et l'écoulement fatal des choses. On y respire la mélancolie avec les poussières du passé, et le charme de ces flâneries parmi les livres anciens n'est si profond que parce qu'il est triste.

ANATOLE FRANCE.

NOUVELLES DU JOUR

La première session ordinaire du Conseil municipal de Paris pour 1893 s'ouvrira le 20 février.

M. Gerspach est nommé administrateur honoraire de la Manufacture nationale des Gobelins.

M. Quatrevalot, percepteur à la Roche (Haute-Savoie), est nommé receveur particulier des finances d'Albertville (Savoie), en remplacement de M. Druon, non acceptant.

On télégraphie de Marseille :
Hier, vendredi, il y a eu 54 décès, dont 9 suspects. Parmi ces derniers, 3 se sont produits à l'hôpital de la Conception, où il n'est entré aujourd'hui qu'un seul malade suspect.
Le docteur Toinot est parti hier soir pour Paris.

On nous télégraphie de Port-Bou (Espagne) :
Les mesures sanitaires sont rétablies à la frontière espagnole pour les provenances de Marseille. Le sous-secrétaire d'État à l'intérieur d'Espagne vient, en effet, d'adresser le télégramme suivant au docteur Amer de Figuères, médecin chef du service sanitaire à la gare internationale de Port-Bou :
La *Gaceta* d'aujourd'hui publiera un ordre royal déclarant infectées les provenances de Marseille. Soumettez à la désinfection les marchandises de ce pays, contaminées au choléra, d'après l'article 41 de la loi sanitaire en vigueur en Espagne. Prohibez l'entrée des bestiaux, de la literie et des fruits et légumes verts poussant au ras du sol ou s'élevant peu au-dessus du sol et provenant de cette ville. En outre, les voyageurs seront soumis à l'inspection médicale.
Les mêmes mesures seront prises aux postes de la Junquera, de Puigcerda et de Llivia.

ACTES OFFICIELS

Par décret sont convoqués pour le dimanche 26 février les électeurs du canton d'Hallencourt (Somme), à l'effet de nommer un conseiller d'arrondissement en remplacement de M. Naquet, démissionnaire.

— Par décret la chambre de commerce du Havre est autorisée à prélever sur les produits du droit de tonnage établi à son profit une somme de 60,000 francs, destinée au règlement des dépenses résultant de l'acquisition de deux chalands destinés à compléter le matériel de dragage du port du Havre.

— Par arrêté le ministre du commerce a autorisé la création de bureaux télégraphiques dans les communes de Polliat (Ain), Vonnas (Ain), Imphy (Nièvre).

ils furent inquiétées de nouveau en 1721. A cette date, une ordonnance du roi défendit les étalages de livres à peine de confiscation, d'amende et de prison.

On rédigea des *requêtes* en vers en faveur des malheureux bouquinistes.

> Ces pauvres gens, chaque matin,
> Sur l'espoir d'un petit butin,
> Avecque toute leur famille ;
> Garçons apprentis, femme et fille
> Chargeant leur col et plein leurs bras
> D'un scientifique fatras,
> Venaient dresser un étalage
> Qui rendait plus beau le passage
> Au grand bien de tout reposant
> Et honneur audit exposant,
> Qui, tous les jours, dessus ses hanches,
> Excepté fêtes et dimanches,
> Temps de vacance à tout trafic,
> Faisait débiter au public
> Denrée à produire doctrine
> Dans la substance cérébrine.

Ce n'est pas là, sans doute, l'Élégie pleurant en longs habits de deuil, et je ne dis point que ces plaintes sont éloquentes, mais elles me touchent. Au reste, M. Octave Uzanne n'a point de peine à prouver que les bouquinistes ne tardèrent pas à reprendre possession des quais.

Où son livre devient tout à fait original, précieux, exquis, c'est quand il y recueille les souvenirs des bouquinistes disparus. On y trouve alors une suite de figures dans le goût de Callot. Mais ces gueux de Callot parlent, agissent et l'on dirait que c'est un Dickens qui leur donne la voix et le mouvement. Ils sont picaresques et ils sont humains. J'ai connu quelques-uns d'entre eux, Duboscq, Malorey, Debas, et je puis, pour ceux-là, garantir que le portrait est ressemblant. Ce pauvre Debas, c'est M. Octave Uzanne qui m'a appris sa mort. Je ne le voyais plus, mais je me flattais de le retrouver devant l'hôtel de Chimay par quelque jour de soleil. Il faut renoncer à cet espoir. Mon vieil ami s'en est allé, sans bruit, dans le corbillard des pauvres, un jour d'hiver. Et nous sommes peut-être deux ou trois encore à garder le souvenir de ce petit homme en longue blouse d'un bleu effacé, qui nous vendait des classiques grecs et latins et nous disait en soupirant : « Il n'y a plus d'hommes d'État, c'est le malheur de la France. » Je ne vous cacherai pas que Debas faisait de la politique et qu'il était terriblement réactionnaire. Il voulait nous ramener au ministère Polignac et aux ordonnances. Son intransigeance faisait l'admiration de mon ami, l'abbé Le Blastier, qui daigna lui dire un jour : « Vous n'avez *de bas que le nom.* » Ce bon homme avait été ténor, dans sa jeunesse. Il chantait, en 1840, chez les petites sœurs des pauvres. Il lui en resta toute sa vie une admiration enthousiaste pour les chants liturgiques et les pompes du culte. La dernière fois que je le vis devant ses malheureuses boîtes, fatiguées comme lui des vents, des pluies et du soleil, j'eus grand'peine à l'empêcher de me chanter tout au long le *Credo* de Dumont, qu'il entonna d'une voix usée, en me tenant par un bouton de mon pardessus. C'est, je crois, le sentiment du plain-chant qui l'avait conduit aux doctrines théocratiques les plus violentes. Il y joignait une obligeance dont les élans atteignaient à une sorte de charité universelle. Chaque année, à l'approche de l'hiver, il montait les poêles chez les pauvres gens du quartier, et de la rue du Bac à l'Institut on l'appelait pour prendre les serins et les perroquets échappés. Il ne faisait son métier de bouquiniste qu'à ses heures perdues. M. Uzanne a bien dit qu'il n'y avait dans les boîtes de Debas que des livres vieux pour le moins de deux siècles. J'y ai pris beaucoup de vieille théologie, et notamment tout saint Augustin et tout Tertullien. Ce que ces achats m'ont valu de discours sur le déclin des mœurs est incalculable. Debas était abondant en paroles ; pendant mes flâneries sur les quais, il faisait ma joie et ma terreur. C'était un plaisir de donner le bonjour à un si brave homme. Mais, pour lui échapper ensuite, il fallait déployer une énergie dont je ne suis guère capable. Debas, comme un Athénien, vivait de paroles et ne laissait pas échapper son interlocuteur. L'unique chance de salut, quand il vous tenait par l'habit, était que quelque acheteur l'appelât. Hélas ! cette fortune se faisait rare en ces dernières années où, pour mieux dire, elle ne venait jamais plus. Personne n'a-

création de bureaux télégraphiques dans les communes de Polliat (Ain), Vonnas (Ain), Imphy (Nièvre).

AU JOUR LE JOUR

Affaire de Panama
UN INCIDENT AU PALAIS

Dans l'après-midi d'hier, M⁰ˢ Barboux, du Buit, Martini et Waldeck-Rousseau, défenseurs de MM. Ferdinand et Charles de Lesseps, Fontane, Cottu et Eiffel se présentaient au greffe criminel de la cour demandant à prendre communication du dossier constitué par M. le juge d'instruction Franqueville, au sujet de l'affaire de corruption de fonctionnaires. M. le greffier Horoch leur répondit que la communication du dossier ne pouvait être faite actuellement. Les avocats se retirèrent, mais, quelque temps après, revinrent accompagnés d'un huissier et réclamèrent de nouveau communication du dossier. Comme M. Horoch répétait qu'il était dans l'impossibilité de faire cette communication, l'huissier, sur l'invitation que lui en firent les avocats, dressa procès-verbal du refus qui leur était opposé.

Nous avons vu ce matin M⁰ Barboux qui nous a donné au sujet de cet incident les renseignements complémentaires suivants :

« Avant-hier, nous a-t-il dit, nous avions déjà demandé communication de ce dossier ; le greffier nous répondit qu'il était entre les mains des membres de la commission d'enquête et qu'il ne pouvait accéder à nos désirs. Devant cette réponse, nous résolûmes de faire le lendemain une démarche collective ; ce qui fut fait. Mais hier, le greffier, M. Horoch, au lieu de nous dire que les membres de la commission d'enquête détenaient le dossier de M. Franqueville, nous répondit que c'était M. le procureur général qui l'avait en mains. Avait-on compris combien la réponse de la veille était... personnelle ? je ne sais ; mais telle était, cette fois, l'excuse du refus formel opposé à notre légitime demande. L'huissier que nous avions amené avec nous l'enregistra dans son procès-verbal.

» Dans tous les cas, que ce soit le procureur général ou les membres de la commission d'enquête qui détiennent le dossier, il n'en est pas moins vrai que nous ne pouvons en prendre connaissance, et cependant nous avons jusqu'à lundi pour former notre pourvoi en cassation, alors que la commission a devant elle tout le temps qu'il lui plaira de prendre pour ses travaux. Je comprends très bien, nous dit en terminant M⁰ Barboux, qu'un fonctionnaire veuille être agréable à des députés, mais pas au point de compromettre les droits de la défense. »

MM. Baïhaut et Sans-Leroy, détenus à Mazas, ont été transférés, avant-hier, à la Conciergerie. On sait que la Conciergerie est le lieu de détention des personnes accusées d'un crime et qui doivent comparaître devant la cour d'assises.

Les jeux de quilles

Il est de nouveau question de supprimer certains jeux de hasard qui avaient élu domicile dans près de deux cents cafés de la capitale. Certains propriétaires de ces cafés, des plus importants par leur situation et leur clientèle, avertis officieusement d'une visite possible de la police, ont fait rapidement disparaître les billards, fréquentés par des parieurs de toute nationalité, où se dépensaient, tous les soirs, des sommes considérables.

On se rappelle qu'il y a deux ans environ la préfecture de police, émue de certaines plaintes et de l'extension que prennent les jeux de hasard sous la forme de matchs de billard, interdit ces jeux. Les professionnels qui retiraient de cette industrie de larges bénéfices, supplièrent et obtinrent, au bout de quelques mois, le retrait de cette mesure de rigueur. Mais la préfecture avait mis à sa tolérance certaines conditions. On ne jouerait, à l'avenir, que les parties de bande, au cadre, avec toutes les garanties d'honnêteté désirables.

Les matchs rouvrirent et se multiplièrent. Dans les premiers temps, on se conforma rigoureusement aux instructions préfectorales. Mais, bientôt, la tentation du jeu fut plus forte, et les parties défendues reparurent. Un professeur de billard, qui nous a donné des renseignements sur le sujet que nous traitons, nous a assuré que dans certaines académies très fréquentées, à la fin de la journée qui est de huit heures, la cagnotte produit entre 1,500 et 2,000 francs.

« Ces bénéfices n'ont pas suffi, a-t-il ajouté, à nos appétits. Il fallait y joindre autre chose. La variété des jeux plaît au parieur de profession, l'attire, le retient plus longtemps près de nous, tente plus vio-

www.ingramcontent.com/pod-product-compliance
Lightning Source LLC
Chambersburg PA
CBHW060500170426
43199CB00011B/1279